400

LOS ANTIGUOS MAYAS

COLECCIÓN POPULAR

ALBERTO RUZ LHUILLIER

Los antiguos mayas

FONDO DE CULTURA ECONÓMICA

Primera edición (Sep/80),   1981
Segunda edición (Popular), 1989
Tercera edición,   1995
    Sexta reimpresión,   2017

[Primera edición en libro electrónico, 2011]

Ruz Lhuillier, Alberto
    Los antiguos mayas / Alberto Ruz Lhuillier. — 3ª ed. — México : FCE, 1995
    250 p. ; 17 × 11 cm. — (Colec. Popular ; 400)
    ISBN 978-968-16-4831-2

    1. Mayas – Historia I. Ser. II. t.

LC F1435   Dewey 972.011 R698a

Distribución mundial

D. R. © 1989, Fondo de Cultura Económica
Carretera Picacho-Ajusco, 227; 14738 Ciudad de México
www.fondodeculturaeconomica.com
Comentarios: editorial@fondodeculturaeconomica.com
Tel.: (55)5227-4672

Diseño de portada: Laura Esponda

ISBN 978-968-16-4831-2

Impreso en México • *Printed in Mexico*

Sumario

El entorno social, cultural y político

Para algunos investigadores mayistas sólo deben considerarse como área de cultura maya los territorios donde se hallan ciertos elementos definidos, como una escritura jeroglífica determinada, un sistema calendárico específico y la arquitectura que utiliza para techar el llamado "arco falso". Tal definición excluye las tierras altas de Guatemala, donde vivían y siguen viviendo grupos étnica y lingüísticamente mayas, como los quichés y los cakchiqueles, quienes, por su parte, han dejado crónicas propias consideradas como valiosos testimonios de la historia y de las creencias mayas.

En realidad, tal juicio toma en cuenta sólo algunas manifestaciones culturales asociadas a la clase dirigente, de las que efectivamente carece el área sur en vista de que los gobernantes extranjeros impusieron allí elementos religiosos, ceremoniales y otros de su propia cultura, mientras que la población en su conjunto vivía dentro de un marco cultural probablemente tan maya como el del resto de la región.

El territorio abarca cuando menos 400 000 kilómetros cuadrados y corresponde hoy a los estados mexicanos de Yucatán, Campeche, Quintana Roo, gran parte de Tabasco, la mitad de Chiapas, así como la República de Guatemala, Belice y los extremos occidentales de Honduras y El Salvador. Sus características geográficas permiten determinar tres áreas: meridional, central y septentrional, cuyo desarrollo histórico y cultural ofrece marcadas diferencias, en parte debidas al factor geográfico.

Área meridional

La constituyen las tierras altas de Guatemala y El Salvador, así como el litoral del Pacífico. Los Altos gozan de un clima templado en verano, frío y seco en invierno, con larga estación lluviosa. Su vegetación comprende bosques de coníferas y pastos en las serranías, cultivos de cereales, legumbres y frutas en los valles y mesetas. Grandes ríos nacen en el área (Usumacinta, Motagua) y se encuentran los extensos lagos de Atitlán y Amatitlán. La costa forma una franja de 50 kilómetros de anchura como máximo, de tierras bajas con clima excesivamente caluroso y húmedo y vegetación tropical.

Entre los animales que viven en estas regiones recordaremos el jaguar, el ocelote, el puma, el venado, el conejo, numerosas aves (entre las que destaca el quetzal), serpientes, etcétera.

Las tierras altas abundan en minerales, algunos de los cuales fueron utilizados en tiempos prehispánicos (jadeíta, pirita de hierro, hematites, cinabrio); el carácter volcánico de las montañas proporcionaba a los mayas lava, toba, obsidiana y ceniza.

Comprende el norte de Guatemala, parte de Tabasco, el sur de Campeche y Quintana Roo, Belice y el occidente de Honduras, y abarca la vertiente septentrional de las serranías y tierras bajas surcadas por cadenas de colinas. La atraviesan numerosos y caudalosos ríos: Usumacinta y sus afluentes (Salinas o Chixoy, Pasión, Lacantún, San Pedro), Grijalva, Candelaria, Hondo y Motagua. Además, numerosos lagos, lagunas y zonas pantanosas completan su hidrografía. La precipitación pluvial es elevada, hasta alcanzar casi cuatro metros en ciertas regiones.

El clima es sumamente caluroso y húmedo. Gran parte del área está cubierta por selva alta, compuesta principalmente de caoba, cedro, chicozapote, ceiba, ramón y numerosas palmas. El suelo es fértil y propicio al cultivo, salvo en las sabanas.

La fauna abunda en felinos, venados, puercos monteses, monos y aves tales como faisanes, pavos de monte, guacamayas y loros; numerosos ofidios venenosos, abejas silvestres y gran número de insectos, muchos de ellos perjudiciales.

Área septentrional

Cubre la mitad norte de la península de Yucatán, es decir, el estado del mismo nombre y la mayor parte de Campeche y Quintana Roo. La constituyen tierras bajas atravesadas de oeste a este por cadenas de colinas. Sólo la recorren tres pequeños ríos: Champotón, Lagartos y Xelhá; tiene pocos lagos y lagunas.

La precipitación pluvial es escasa y debido a la textura porosa del suelo las aguas se acumulan en el subsuelo, formando los llamados cenotes. La tierra vegetal es muy reducida y la roca aflora frecuentemente, lo cual limita las posibilidades de cultivo. En el extremo norte de la península el paisaje es semiárido.

La fauna y la flora son menos abundantes y variadas que en el área central; el bosque, más bajo y menos tupido, se vuelve chaparral en el extremo septentrional. Se encuentran algunos felinos, venados, puercos de monte, pequeños mamíferos, aves y reptiles; abundan las abejas.

POBLACIÓN

Las más recientes investigaciones, tanto en el campo de la antropología física como de la lingüística, revelan que los mayas no constituían una población étnicamente homogénea, diferenciada de los demás grupos mesoamericanos, ni hablaban una lengua aislada del resto de las lenguas de dichos grupos, tal como se creía según la falsa premisa de que lo maya constituye un fenómeno único en América y en el mundo.

Como toda la población del continente americano, los lejanos antepasados de los mayas vinieron de Asia tras pasar por el estrecho de Behring. Las corrientes migratorias, que se sucedieron durante miles de años, se esparcieron por todo el continente hasta entonces desconocido para el hombre. Procedían de diferentes regiones asiáticas y hablaban distintos lenguajes. Evolucionaron y se diferenciaron cada vez más; numerosos grupos se mezclaron hasta formar un verdadero mosaico de pueblos.

Los mayas muestran características somáticas que varían según las regiones, por lo que no puede determinarse un tipo físico maya uniforme y con un origen común. Existen diferencias en la estatura hasta de más de siete centímetros entre los promedios de yucatecos y chontales; en el índice cefálico comparado entre yucatecos y tzotziles, que acusa variantes de nueve para los varones y 11 para las mujeres; en la forma de la cabeza, braquicéfala en Yucatán y mesocéfala (según Comas) o dolicocéfala (según Sttegerda) en las tierras altas de Chiapas y Guatemala. Las diferencias se notan también en los rasgos faciales (caras anchas o angostas) y particularmente en los nasales (nariz chata o aguileña); en los grupos sanguíneos y en la presencia de antígenos distintos en la sangre, así como en las huellas digitales y en las líneas de las manos.

Todos estos factores demuestran la diferenciación que existía y sigue existiendo entre los grupos mayas, al mismo tiempo que los rasgos comunes que éstos compartían con las demás poblaciones mesoamericanas. Por otra parte, el ojo rasgado, el pliegue epicántico que cubre el ángulo interno del ojo, el color de la piel, el cabello negro y lacio, la escasez de vello facial y la llamada mancha mongólica en la base de la columna vertebral son vestigios de la herencia dejada por el lejano antepasado asiático.

Aunque se hicieron algunos estudios sobre los caracteres psicológicos que presentan los mayas de Yucatán, no abarcan a los demás grupos y tampoco pueden aceptarse sin reserva. Las pruebas utilizadas, usuales en poblaciones urbanas desarrolladas, arrojan resultados muy o totalmente inadecuados en un medio rural subdesarrollado. La evaluación del grado de inteligencia mediante dichas pruebas, sin tomar en cuenta factores ajenos a la psicología tales como las condiciones materiales de existencia de los grupos estudiados, su nivel económico, sus recursos alimenticios, su nivel social y demás aspectos de su contexto existencial, forzosamente adolece de veracidad; las conclusiones a las que llegaron quienes realizaron estas investigaciones resultan en gran parte inaceptables.

Las lenguas mayances

En el aspecto lingüístico, se considera que un pequeño grupo que hablaba un idioma más o menos uniforme, al que los especialistas denominan "protomaya", se estableció en los Altos de Guatemala hace unos 2600 años antes de nuestra era. Con el paso del tiempo, este grupo creció y fue dividiéndose y ocupando otras regiones. Por adaptación al medio geográfico fue creando sus propios caracteres culturales y, en este proceso de diversificación, la lengua también se ramificó y dio nacimiento a nuevas lenguas, que conservaban entre sí el parentesco que deriva de un origen común.

Los lingüistas, utilizando el método comparativo llamado lexicoestadística —que permite calcular el grado de modificación que sufre una lengua en el curso de su evolución, así como la divergencia que se establece entre las diferentes lenguas procedentes de un mismo tronco—, llegaron a establecer lo que denominaron "gloto-cronología", con la que se precisa más o menos el momento cuando se efectuaron las separaciones de las distintas ramas.

Entre sus conclusiones está que una de las primeras lenguas que se diferenciaron fue el huasteco, debido al alejamiento de sus hablantes, distanciados del área maya desde hace siglos. El proceso de diversificación no se ha interrumpido y esto explica los variados dialectos regionales o locales que actualmente ofrece cada lengua.

Se considera que existen en la actualidad cerca de 30 lenguas mayances, clasificadas en los siguientes grupos:

1. huastecano (huasteco-veracruzano y potosino)
2. cholano (chol, chontal, chortí)
3. tzeltalano (tzeltal, tzotzil, toholabal)
4. chuh
5. kanhobalano (kanhobal, yacalteco, solomeco)
6. motozintleco
7. mameano (mam, aguateco, ixil)
8. quicheano (quiché, rabinal, uspanteco, cakchiquel, tzutuhil)
9. kekchiano (kekchí, pokonchí, pakoman)
10. maya (yucateco, lacandón, itzá, mopan).

Estas lenguas, según Swadesh, formaban junto con el lenca y el xinca, de Honduras, El Salvador y el sur de Guatemala; el mixe de Oaxaca y el totonaca de Veracruz, un mismo grupo que denominó "macromaya", el cual mostraba conexiones con otro grupo lingüístico, el "macroazteca", en que se encontraban las lenguas de la familia del náhuatl. A su vez, todas ellas quedaban comprendidas en el complejo tejido que constituyen las lenguas americanas, derivadas lejanamente de las lenguas asiáti-

17

cas que hablaban los pobladores originales del continente americano.

Tecnología

Los recursos que la naturaleza brinda al hombre se convierten en fuerzas productivas y en bienes utilizables mediante el trabajo, y el grado de aprovechamiento de tales recursos está condicionado al desarrollo tecnológico.

Si comparamos la tecnología de los mayas con la de los pueblos de la antigüedad del Viejo Mundo, debemos reconocer que el nivel alcanzado por aquéllos era bastante inferior al de estos últimos: los mayas no conocieron la rueda, el arado, el uso del hierro y del bronce. Por esto, si aplicáramos los esquemas clásicos de Morgan y Childe, tendríamos que concluir que no pasaron de la etapa de la barbarie, la que corresponde en lo tecnológico al horizonte neolítico.

De las plantas, aparte de sus principales alimentos, obtuvieron la madera necesaria para sus construcciones, útiles, armas y canoas; con la corteza de algunos árboles fabricaron papel; la resina de otros les proporcionó el copal y el caucho, utilizaron algunos tintes para pintar; las hojas de varias palmeras servían para techar las casas, otras para tejer canastas y petates; con las fibras de algodón y de henequén tejían sus vestidos, cuerdas y redes.

Independientemente del aprovechamiento de la carne de los animales para su alimentación, se vestían con las pieles del venado, jaguar y puma; llevaban como adornos los colmillos de algunos y transformaban los huesos también en adornos, así como en útiles de trabajo e instrumentos musicales; fabricaban joyas con conchas marinas y se servían de grandes caracoles como trompetas, y las plumas de numerosas aves se convertían en vistosos penachos, decoraban escudos y abanicos y se cosían sobre los vestidos.

Del reino mineral obtenían la piedra para sus edificios, recipientes y la mayor parte de sus útiles de trabajo y armas; con piedras duras fabricaban hachas y cinceles. El jade era el material más apreciado y con él elaboraban ricas joyas e ídolos; algunos minerales les proporcionaban variados colores y con el barro natural, debidamente tratado, manufacturaban enseres domésticos, vasijas rituales, figurillas, máscaras, malacates, pesas para redes; en algunas regiones cocían ladrillos para los edificios ceremoniales, y los litorales septentrional y occidental de la península yucateca eran ricos en salinas. Sólo muy tarde llegó la metalurgia al área maya (siglo XI o XII) y se usó casi exclusivamente con fines ornamentales.

Agricultura

El cultivo básico fue el maíz, mediante la técnica conocida como "de roza", en que se corta y quema el monte antes de sembrar; esta técnica presenta el gran inconveniente de agotar rápidamente la tierra y obliga al campesino a buscar nuevos terrenos. En los últimos tiempos se ha discutido mucho si los mayas tuvieron o no irrigación artificial para lograr un cultivo intensivo: algunos investigadores consideran imposible que los mayas hubieran podido construir centenares de centros ceremoniales, con miles de edificios, dentro de un sistema económico basado sobre el cultivo de roza —tanto por el hecho de tener que vivir en forma dispersa como por carecer de mano de obra disponible para tales obras— y concluyen que sólo una sociedad que utilizaba recursos hidráulicos y cultivo intensivo podía alcanzar el nivel de civilización al que llegaron los mayas. Sin embargo, las obras de riego eran innecesarias en el área central debido a la fuerte precipitación pluvial y la abundancia de corrientes superficiales (ríos, lagos y lagunas). En cuanto al área septentrional, la ausencia de ríos y la extrema porosidad del suelo vuelven casi imposible la irrigación artificial, aunque es cierto que, mediante fotografías aéreas, se han localizado canales conectados con el río Candelaria, y otro que une el curso superior del río Champotón al sitio de Edzná, lo que demuestra que ocasionalmente se construyeron obras hidráulicas.

Por más que algunos mayistas estimaron en sólo 48 días anuales el tiempo que un campesino dedica hoy a sus labores agrícolas, en realidad, teniendo en cuenta lo rudimentario de los útiles prehispánicos (bastón plantador y hacha de piedra), calculamos que las dos terceras partes de su tiempo habían de dedicarse a estas ocupaciones antes de la conquista española.

Aparte del maíz, los mayas cultivaban frijol, calabaza, chile, chayote, chaya, tomate, vainilla, cacao, algodón, henequén, tabaco, etc. También plantaban árboles frutales en sus huertas.

En las tierras tropicales cultivaban además tubérculos, tales como el camote, la yuca y la jícama. Hace poco tiempo se presentó la tesis de que el ramón (*Brossimum alicastrum*) pudo ser un alimento importante que no requería los cuidados del maíz; De Landa menciona que en tiempo de escasez los mayas obtenían harina de las frutillas de dicho árbol.

Recolección, caza,
pesca, domesticación

Completaban los mayas la obtención de productos vegetales y animales mediante la recolección, la caza y la pesca, así como la domesticación de algunos animales, entre ellos el guajolote, un perro mudo que engordaban para comer y la abeja.

Industria

Al hablar de la tecnología mencionamos sus industrias artesanales, principalmente alfarería, cestería, lapidaria, fabricación de objetos de piedra tallada y pulida, así como tejidos.

Comercio

Por la marcada diferenciación geográfica y ecológica, las distintas regiones del área maya, aparte de los productos básicos cultivados en todas ellas, obtenían bienes diferentes que era necesario intercambiar. El trueque se efectuaba dentro del área, pero también con los pueblos del centro de México y del Golfo Atlántico, así como con los del resto de América Central. Yucatán exportaba principalmente sal, miel, cera, pescados (secos, salados o asados), algodón y mantas del mismo material, henequén, pedernal, copal, plumas de aves acuáticas. Guatemala exportaba maderas preciosas, pieles, algodón, plumas de quetzal, copal, liquidámbar, jade, turquesa, piedra volcánica para la fabricación de metates, polvo volcánico usado en cerámica como desgrasante, ciertos tipos de cerámica. De las costas del Golfo y del Pacífico salían cacao y caucho; de Chiapas, pieles, añil, vainilla, plumas de quetzal, ámbar, almagre, cobre en periodos recientes; de Honduras, cacao y objetos de alabastro.

Del centro de México, Oaxaca y América Central provenían sobre todo objetos manufacturados de jade, obsidiana, cristal de roca, oro, cobre y cerámica. Además, numerosos esclavos procedentes generalmente del altiplano mexicano y de la costa del Golfo.

El comercio se llevaba a cabo por vías terrestres, fluviales y marítimas. En algunas regiones de Yucatán rutas empedradas eran transitadas por mercaderes y gran parte de los cursos del Usumacinta, Grijalva, Candelaria, Motagua, Mopán, Belice y sus afluentes servían para los intercambios entre tierras altas y bajas. El comercio marítimo abarcaba toda la península de Yucatán, desde Tabasco hasta Honduras, y se conocen, por las fuentes históricas del siglo XVI, algunos de los principales puertos utilizados.

Aparte del trueque, que era usual en el comercio interno, regional o local, a reducida escala, las transacciones mayores implicaban el uso de algunos artículos en lugar de moneda, tales como granos de cacao, cuentas de jade, conchas rojas del mar y, en épocas tardías, pequeñas hachuelas planas de cobre.

Carecemos respecto a los mayas de la profusa información que el cronista Sahagún legó sobre los mercaderes mexicas, pero entre los mayas debe distinguirse al productor, que llevaba al *tianguis* sus escasos excedentes para cambiarlos por artículos que necesitaba, del mercader profesional; también se diferenciaba el comerciante regional del que operaba a larga distancia y en gran escala, conduciendo caravanas de esclavos cargadores que también eran vendidos al final del viaje.

En la escala social es probable que el gran mercader ocupara un lugar privilegiado: por datos de algunos cronistas se sabe que solía formar parte de la nobleza, como fue el caso del hijo de Cocom, gobernante de Mayapán a mediados del siglo xv, y del cacique de Acalan en el momento de la Conquista.

El comercio en el área maya debió existir desde épocas antiguas, según se desprende del hallazgo en sitios arqueológicos preclásicos de artículos procedentes de otras regiones. Sin embargo, su gran desarrollo coincidió con el periodo posclásico.

CULTURA MATERIAL

Alimentación

La alimentación del pueblo maya, según las crónicas, era muy frugal y consistía básicamente de maíz, preparado en diferentes formas. Las más usuales eran las tortillas (con sal, chile y excepcionalmente algún guiso), los tamales (simples o rellenos con pedacitos de carne, frijoles u hojas de chaya), el posol (masa medio cocida, molida y disuelta en agua), el atole (masa molida, diluida en agua y cocida, a la que podía añadirse cacao), el pinole (harina de maíz tostado disuelta en agua). Comían también frijoles (cocidos o molidos como puré), calabazas, chayotes, camotes, chaya, tomates, yucas, jícamas, macal. En épocas de carestía de maíz, obtenían harina de las nuecesillas de algunas palmeras (coyol o cocoyol, corozo) y de las frutillas del ramón; además comían los frutos de numerosos árboles y arbustos: mamey, chicozapote, zapote blanco, aguacate, guayaba, guaya, nance, pitahaya, siricote, marañón, anona, ciruela, uva silvestre, etcétera.

La información de los cronistas aclara que no comían carne fuera de sus fiestas, aunque podían obtenerla de los productos de la caza, así como de los animales que criaban (guajolotes, faisanes, palomas, perros). Es probable que los alimentos de origen animal se reservaran principalmente para los banquetes, las ofrendas rituales y la alimentación de los señores y sacerdotes. Por supuesto que la dieta variaría según las regiones; en los litorales, el pescado y los mariscos han de haber sido de consumo corriente.

El uso de bebidas alcoholizadas de la corteza de ciertos árboles *(balché)* o de maíz tostado estaba restringido a las ceremonias religiosas.

La carne humana no formaba parte de la dieta alimenticia de los mayas; algunos jerarcas la comían como parte de un ritual, a raíz de un sacrificio, pero —como precisa un cronista— "a los del pueblo no les alcanzaba bocado".

Habitación

Tanto por la información histórica como por los resultados de la investigación arqueológica, sabemos que existía una diferencia enorme entre las habitaciones de la gente común y las de la clase dirigente.

La gran mayoría de la población vivía en chozas generalmente compuestas de una sola pieza, con paredes de postes y enramadas amarrados con bejucos, revestidas o no con un aplanado de cal. El techo estaba sostenido por vigas y travesaños que descansaban sobre cuatro horcones; la cobertura era de hojas secas de palma o de zacate, con dos o cuatro vertientes. El piso era de tierra apisonada y eventualmente de aplanado de cal. La planta de la choza, generalmente rectangular, podía ser ovalada en Yucatán. Las habitaciones de los campesinos se agrupaban en aldeas y pueblos dispersos alrededor de los centros ceremoniales, urbanizados en mayor o menor grado.

En dichos centros, junto o a poca distancia de los edificios dedicados al culto, se agrupaban las moradas de los señores, sacerdotes, jefes militares, funcionarios de alto y mediano nivel, mercaderes y probablemente artesanos profesionales. Sus habitaciones constituían lo que hoy llamamos palacios, es decir, estructuras con muros de mampostería, bóvedas de piedra, pisos estucados y que se construían frecuentemente sobre plataformas. Podían ser individuales, para una sola familia, o agruparse en conjuntos arquitectónicos hasta de 50 cuartos, dispuestos en varias filas o alrededor de patios, y en algunos casos (Tikal, Sayil, Labná) de dos o tres pisos. Las habitaciones eran oscuras y generalmente poco ventiladas, pero el espesor de sus muros y la escasez de aberturas aseguraban una protección eficaz contra la lluvia y el calor. Eran bastante comunes unas angostas banquetas adosadas a los muros interiores, las que servían de cama; también podían hallarse baños de vapor dentro de los palacios o anexos a ellos y, en algunos casos, letrinas.

Por los cronistas del siglo XVI conocemos la forma de vestirse de la gente común en Yucatán, y por los relieves y pinturas de los centros ceremoniales, la indumentaria de los señores, sacerdotes y jefes militares de toda el área maya.

El hombre del pueblo usaba el *ex,* taparrabo hecho de una tira de tela que pasaba entre los muslos y se amarraba sobre la cintura. La mujer común se vestía generalmente con un huipil. Para dormir o en caso de frío, llevaban, hombre y mujer, una manta de algodón.

Contrasta con esta elemental vestimenta la rica indumentaria de la clase dirigente: los señores, además de un taparrabo o del paño de cadera muy adornado, usaban amplias capas de algodón, jaquetas de muchos colores, capitas de plumas, pieles de jaguar, sandalias a veces decoradas, penachos de grandes plumas y turbantes o yelmos en forma de cabezas de animal. Sus mujeres se vestían con huipil probablemente bordado, larga falda, y en ocasiones capita corta con flecos de plumas, quechquemitl ornado y sandalias labradas.

En las tierras bajas eran particularmente aseados: los hombres se embellecían con pintura facial y corporal, y las mujeres con cierto ungüento oloroso, además de perfumarse con flores y yerbas; ambos sexos solían tatuarse.

Ciertas deformaciones y mutilaciones completaban el atavío personal: deformación craneal, perforación de las orejas para la colocación de orejeras, y de la nariz para la nariguera, o debajo del labio para el "bezote"; mutilaciones dentarias, mediante el aserramiento o la limadura de los contornos del diente o por incrustaciones en incisivos y caninos, y provocación intencional del estrabismo.

En la base de toda sociedad humana se sitúa la forma en que está organizado y funciona su sistema económico. Este sistema es el resultado del grado de desarrollo de las fuerzas productivas —recursos naturales, trabajo del hombre, medios tecnológicos— y de las relaciones que se establecen entre los hombres en el proceso de la producción y de la distribución de los bienes que se crean. Estas relaciones determinan el régimen de propiedad, el aprovechamiento de los productos y, si éste resulta desigual, las diferencias básicas entre los miembros de la sociedad, las cuales culminan en una división en clases diferenciadas con intereses distintos y antagónicos.

Tenencia de la tierra

Del estudio de las fuentes históricas se desprende que en el momento de la Conquista regían varias formas de propiedad de la tierra, las cuales pueden, en última instancia, reducirse a dos: colectiva y privada. De propiedad y uso colectivos eran las tierras de los pueblos y de los barrios en que éstos se dividían (parcialidades o calpules); propiedades privadas serían las que correspondían al Estado, a ciertos grupos familiares (linajes), a miembros de la nobleza por herencia, compra o dádiva de un gobernante; a gente rica, tal como mercaderes o dueños de campos de cacao, algodón y ciertas frutas. Es probable que con el desarrollo de la sociedad y el incremento del comercio y de las guerras, la tenencia colectiva fuera paulatinamente sustituida por la privada.

Distribución de los bienes

En lo que se refiere a la obtención de productos agrícolas, la mayor parte de los excedentes se canalizaba a través
del tributo hacia la clase dirigente, quedando para el productor exclusivamente lo indispensable para su propio
sostenimiento y el de su familia; además, los cronistas
mencionan que el campesino, aparte de cultivar las tierras comunales, tenía que trabajar en las de los señores;
con estos excedentes, el campesino no sólo sostenía a
señores y sacerdotes, sino también a los funcionarios de
las complejas jerarquías civil, religiosa y militar, a los mercaderes profesionales, a los artesanos que suministraban
artículos para el comercio y al sector de la población ocu-
pado en la construcción de los centros ceremoniales. Debe
añadirse que la clase dirigente no sólo se apropiaba de
una gran parte de la producción agrícola, sino que el tributo se imponía sobre todos los bienes producidos a través de la caza, pesca, recolección, domesticación y trabajo artesanal.

Estratificación social

La base económica que hemos descrito obviamente de-
terminaba una sociedad dividida en clases. Esto se desprende del relato de las fuentes históricas y de los resultados de las exploraciones arqueológicas: los datos de
los cronistas son concretos y la información iconográfi-
ca no puede ser más clara para confirmarlos. Una clase
minoritaria, compuesta por la nobleza, abarcaba a los sacerdotes y a los señores. En Yucatán eran llamados res-

pectivamente *Ahkinoob* (los del Sol) y *Almehenoob* (los que tienen padre y madre). Los mercaderes formarían un estrato intermedio entre los nobles y la gente común, pero al parecer se identificaban con los primeros. La gran masa trabajadora recibía denominaciones tales como *Ah chembal uinicoob* (hombres inferiores, vulgares), *Yalba uinicoob* (hombres pequeños, plebeyos) que los ubicaban en la escala social. En un nivel aún más bajo, carentes de todo derecho humano, estaban los esclavos, principalmente prisioneros de guerra o delincuentes, así como individuos comprados a un mercader o huérfanos que su tutor dedicaba al sacrificio; todos los esclavos constituían la gran reserva para ser ofrendados como víctimas a las deidades.

Sistema de cargos

Pese a las evidencias históricas y arqueológicas, algunos investigadores norteamericanos formularon la hipótesis de que la sociedad maya no era clasista; afirmaron que todas las capas de la población gozaban de un nivel de vida más o menos igual y que todos podían acceder al poder. Los fundamentos de tal hipótesis, procedentes de datos etnográficos sobre poblaciones mayas actuales, pueden resumirse así: como en la actualidad, las comunidades agrarias antiguas vivían en aldeas dispersas y sólo acudían al centro ceremonial (hoy cabecera municipal) para las ceremonias religiosas y el mercado; los pueblitos tenían sus propios centros ceremoniales menores y los sacerdotes participaban en la vida de la población a un nivel económico y social. Como ocurre ahora con el sistema de cargos en que los campesinos, rotativamente, desempeñan funciones civiles y religiosas en el gobierno indígena, el acceso a cargos de poder estaría abierto a todos en la época clásica; la procedencia campesina de los dirigentes y su retorno posterior a sus ocupaciones agrícolas facilitaban la construcción de los centros ceremoniales, en vista de que se trataba de obras que todos usufructuaban temporalmente; las necesidades del campesino sólo exigían parte de su jornada y le sobraba tiempo para producir excedentes que le permitían obtener bienes superfluos y vivir a un nivel más o menos semejante al de los demás. El sacerdote maya no requeriría para el desempeño de sus funciones de mayores conocimientos que los que se piden ahora a los campesinos llamados a ocupar un cargo; en conclusión, la sociedad maya clásica no estaba estratificada y ninguna clase dominaba políticamente ni explotaba económicamente a la mayoría campesina.

Pretender que el actual sistema de cargos o el gobierno indígena refleje una situación de la sociedad maya clásica es olvidar que fue creado por la Iglesia católica para establecer un control económico, político y espiritual sobre la población indígena. Además, las diferencias de vida entre la gente común y los miembros de la clase dominante son obvias, por lo que conocemos de los centros ceremoniales, de las representaciones que ofrecen, de las sepulturas y demás manifestaciones culturales. Difícil es, por otra parte, pensar que un campesino podría cumplir con la obligación de celebrar los ritos de acuerdo con el complejo sistema calendárico y basándose en los libros jeroglíficos.

Indudablemente, el acceso a los bienes económicos y al poder político y religioso no estaba al alcance de toda la población, y la estratificación social de los antiguos mayas es un hecho indiscutible. Su negación por parte de distinguidos investigadores no puede explicarse sino como resultado de una actitud ideológica que los lleva a negar para el pasado la existencia de clases antagónicas, con el fin de no aceptar su existencia actual y, en consecuencia, el resultado que tarde o temprano provocan las luchas entre las clases.

Sistema de parentesco

Para completar los datos sobre la organización social, debemos recordar que junto con la estratificación coexistía un sistema gentilicio, que correspondería a una organización más antigua, propia de un nivel inferior de desarrollo, en la que todos los miembros de una comunidad tendrían un nivel económico y social equiparable. En tales comunidades, los lazos de parentesco determinarían las relaciones entre los integrados en clanes, grupos familiares que se atribuyen un antecesor común. Este sistema rigió en las comunidades campesinas durante la época prehispánica e incluso ha sobrevivido, aunque en forma cada vez menos efectiva, hasta nuestros días, en los grupos más resistentes al proceso de aculturación. Eran clanes generalmente patrilineales, exogámicos y posiblemente de lejano origen totémico.

Gobierno

Hoy en día todos los mayistas aceptan que los mayas nunca constituyeron un imperio, como se supone fuera el caso de los olmecas, teotihuacanos, toltecas y mexicas, y como podría entenderse de las obsoletas denominaciones de Viejo Imperio y Nuevo Imperio mayas.

En el momento de la Conquista, el área maya estaba dividida en entidades políticas autónomas, Estados, provincias o cacicazgos independientes. En la época clásica debió existir una situación semejante, no sólo porque la población maya estaba formada por numerosos grupos etnolingüísticos, sino por la diferenciación estilística que revelan los sitios arqueológicos, pese a que la mayor parte fue ocupada por pueblos de un mismo nivel tecnológico, económico y cultural que participaban de los mismos conocimientos y de las mismas creencias.

La información de los cronistas del siglo XVI, por más que se refiere a los últimos momentos de la época prehispánica —cuando los acontecimientos históricos habían alterado las estructuras clásicas mayas—, debe ser en gran parte válida para tiempos anteriores. Es probable, sin embargo, que la organización fuera más compleja en el posclásico que en el clásico, debido al incremento del militarismo y al desarrollo del comercio.

Para la situación tardía en Yucatán sabemos que cada Estado tenía al frente de su gobierno a un miembro de la nobleza que recibía el cargo de *Halach Uinic* (hombre verdadero), quien también era llamado *Ahau* (señor); este cargo era hereditario y debía pasar a su hijo mayor, pero, en caso de carecer de descendencia masculina, pasaba a su hermano mayor. Sus poderes eran amplísimos y lo asesoraba un consejo, formado por sacerdotes y señores, denominado *Ah cuchcab* (el que carga al pueblo). El gobierno de los centros dependientes seguía el mismo patrón, a saber: a la cabeza un *Batab*, designado por el *Halach Uinic* y generalmente familiar suyo, asesorado por el respectivo consejo local. Tanto el *Halach Uinic* como el *Batab* cumplían funciones civiles y religiosas; el segundo fungía, además, como jefe nato de la milicia de su entidad. Una jerarquía descendente velaba por el cumplimiento de las órdenes emanadas de la máxima autoridad, entre la cual los cronistas citan a los *Ah kuleloob* (procuradores) y los *Ah holpopoob* (quienes están a la cabeza de la estera). Entre otras obligaciones estos últimos tenían a su cargo la *Popolna* (casa del pueblo), en la que se realizaban las reuniones para discutir los asuntos de la población y se preparaban las ceremonias, danzas y cantos. En el escalón inferior de esta burocracia se hallaba el *Tupil* (alguacil), quien respondía de la ejecución de las órdenes de sus superiores. En el caso de guerra el *Nacom*, militar profesional, se hacía cargo del mando efectivo de las tropas.

CARACTERIZACIÓN SOCIOECONÓMICA DE LA SOCIEDAD MAYA

La actitud de los principales investigadores mayistas ha sido pretender que la civilización maya constituyó un caso único en la historia, ya que no se le puede comparar con ninguna otra de la Antigüedad. Es obvio que cada civilización posee características propias, producto del medio natural, de su desarrollo tecnológico, de su modo de organización social, de su tipo de gobierno, de sus conocimientos científicos, de sus conceptos éticos y estéticos, y de sus circunstancias históricas. Sin embargo, rechazar la idea de que ciertas leyes determinaron el curso general del desenvolvimiento de los pueblos a través de su existencia es negar la historia universal.

Subestructura económica

Para comprender la estructura de una sociedad es indispensable partir de las condiciones materiales sobre las cuales se asentó y desarrolló su base económica. Al estudiar la civilización maya resalta el contraste entre lo rudimentario de su tecnología, factor fundamental de su potencial económico, y lo avanzado de sus realizaciones en el campo de la arquitectura, del arte en general, de sus conocimientos científicos y de sus elaboradas concepciones religiosas. El aspecto económico fue poco considerado por los mayistas, y para quienes se plantearon el problema del desequilibrio entre carencia tecnológica y hazañas intelectuales, la respuesta fue que el fenómeno maya constituía un milagro de la Antigüedad, o bien que lo determinaron causas espirituales. Nuestro enfoque materialista no puede comulgar ni con la idea del milagro maya ni con la del espíritu como motor de su historia.

Otros investigadores, comparando el caso maya con el de otras grandes civilizaciones del Viejo Mundo (Egipto, Mesopotamia, China, Cambodia), insisten en que la agricultura maya forzosamente tuvo que ser más intensiva de lo que se supone y que para ello necesariamente tuvo que emplear obras hidráulicas. En otro capítulo mencionamos que los datos arqueológicos que respaldan esta hipótesis son muy escasos y que, por otra parte, la abundancia de lluvia y corrientes superficiales en el área central volvían innecesarias tales obras, mientras que los factores opuestos, como la escasez de precipitación pluvial y la casi total ausencia de ríos y lagos, además de la permeabilidad del suelo, hacían poco menos que imposible la ejecución de obras hidráulicas en el área septentrional.

Aceptando que la subestructura económica es la que, en última instancia, determina la formación de la estructura social, de la que a su vez emanan las diferentes expresiones de una superestructura cultural, política, jurídica e ideológica, creemos que la teoría sociológica sobre las sociedades precapitalistas esbozada hace 120 años por Marx y conocida como teoría del modo asiático de producción es aceptable para la civilización maya y que el referido modo de producción explica el contraste entre el bajo nivel tecnológico y los avances en el campo intelectual y espiritual.

Si se comparan las características de las civilizaciones asiáticas (Mesopotamia, China, Indochina, Cambodia), así como de Egipto, con las de la civilización maya, se advierte que coinciden en muchos de los aspectos fundamentales. Los rasgos básicos comunes son los siguientes: tecnología poco desarrollada, producción agrícola con excedentes suficientes para mantener a la clase dirigente y grupos no productores, trabajos colectivos bajo la dirección de una élite que monopolizaba los conocimientos científicos; propiedad comunitaria de la tierra superando la privada; pago de tributos a la clase dirigente bajo formas de trabajo obligatorio y en especie, sobre todo lo que se obtenía y producía; dispersión en aldeas de la mayoría de la población (campesinos); concentración de la minoría gobernante en ciudades; jerarquía civil y religiosa que integraba una verdadera burocracia; poder centralizado alrededor del soberano que aseguraba la cohesión, la permanencia y la continuidad del régimen; carácter divino del soberano, y utilización de las creencias religiosas para la dominación económica y política de la población.

Lo típico de este modo de producción, el cual también ha sido denominado "despótico-aldeano", "despótico-comunitario" o simplemente "tributario", es la coexistencia de las comunidades campesinas, por una parte, y, por otra, la de un verdadero Estado político. Las primeras con elementos tecnológicos rudimentarios que suplían con un trabajo excesivo, organizadas socialmente por grupos de parentesco, poseedoras en común de la mayor parte de la tierra, obligadas a entregar como tributo los excedentes que producían, enajenadas por la religión, respetuosas y sumisas ante los sacerdotes que se proclamaban representantes de las divinidades.

El Estado, integrado por los altos rangos de la jerarquía, encabezado por el máximo gobernante y cuyos miembros pertenecían a la nobleza, estaba exento de trabajos productivos: ordenaba la construcción en los centros ceremoniales de centenares de edificios dedicados al culto o a su propia residencia; supervisaba a los científicos consagrados al estudio de los astros, al registro de sus movimientos, a los cálculos matemáticos, a la elaboración de un complejo sistema calendárico; dirigía a los artistas que creaban obras en honor de los dioses y de su propia glorificación; controlaba a la población a través del manejo del calendario, civil y religioso, ordenando las labores correspondientes a las estaciones y presionando para que los individuos se orientaran hacia tal o cual oficio. Dominaba y explotaba a la población en su calidad de intermediario entre los seres divinos y los humanos; organizaba ritos, ceremonias y fiestas religiosas mediante las cuales acrecentaba su poder al afianzar en la población su confianza en la unidad y la fuerza del conjunto social; tranquilizaba al pueblo en cuanto al orden que regía todos los fenómenos celestes y terrestres y todos los procesos de la vida vegetal, animal y humana, mientras se venerara debidamente a los dioses y obedeciera ciegamente a sus representantes.

El contraste entre ambas entidades, comunidades agrarias y Estado teocrático, explica a nuestro juicio el cuadro que presenta la sociedad maya, con su base económica aparentemente demasiado endeble para permitir las impresionantes realizaciones intelectuales y artísticas. Es cierto que los campesinos no estaban provistos de una tecnología avanzada, pero el sistema sociopolítico podía extraer de su trabajo, mediante una sobreexplotación, lo necesario para que la élite viviera en condiciones muy superiores y para que pudieran despilfarrarse en obras suntuarias sus esfuerzos y sacrificios.

Y si esta teoría del modo de producción tributario es válida para los pueblos asiáticos de la Antigüedad, con mayor razón puede aplicarse a la civilización maya, que no alcanzaba el nivel tecnológico de aquéllos, ya que carecía de los metales, el arado y la rueda. Las hazañas que logró el pueblo maya significan, por lo tanto, un mérito más alto, pero implican un sistema aún más explotador que el que rigió en las civilizaciones de Asia.

CONOCIMIENTOS CIENTÍFICOS

Al tratar este tema consideramos que es importante no sólo dar a conocer los avances que lograron los antiguos mayas en el campo científico, sino también precisar las circunstancias que los llevaron a adquirir esos conocimientos, cómo los aplicaban, quiénes los poseían y quiénes eran sus beneficiarios. Creemos de simple justicia recordar el origen de su ciencia, ya que otros pueblos mesoamericanos crearon y utilizaron, antes que los mayas, un sistema de registro del tiempo que implicaba una forma de escritura y conocimientos astronómicos y matemáticos.

Los pueblos agricultores, al observar el curso de los astros, relacionaron fenómenos celestes con sus propias necesidades y se dieron cuenta de que la posición de algunos cuerpos en el firmamento coincidía con momentos importantes de sus actividades. Asociaron tales hechos y comprendieron que era preciso registrarlos y medir el tiempo que transcurría entre sus repeticiones; a través de este proceso, partiendo de las observaciones astronómicas, inventaron la escritura, derivaron reglas matemáticas y establecieron calendarios. Se ha llamado "astrobiología" a este sistema precientífico mediante el cual se descubren asociaciones entre la marcha de los astros y el crecimiento de las plantas. En la mente de los pueblos agrícolas de la Antigüedad nacieron conceptos en los cuales toda la vida sobre la tierra, humana, animal y vegetal, estaba regida por las mismas leyes que aseguraban la armonía del cosmos.

Astronomía

En comparación con los pueblos antiguos del Viejo Mundo (egipcio, mesopotámico, chino, griego), los mayas no dispusieron más que de medios sumamente rudimentarios para llevar a cabo sus observaciones astronómicas: un palo plantado verticalmente en el suelo para precisar el día en que el Sol pasa por el cenit de un sitio, varillas o hilos cruzados para trazar visuales hacia puntos de significación astronómica... Conocemos algunos edificios que se construyeron con fines astronómicos: los llamados "Caracol" u "Observatorio" en Chichén-Itzá y Mayapán; la torre del Palacio, en Palenque; un conjunto del Grupo E de Uaxactún, en que visuales partiendo de un punto de la escalera de la pirámide y dirigidas hacia tres templos alineados sobre una plataforma que le hace frente, determinan los puntos del horizonte en que sale el Sol en los equinoccios y los solsticios.

Pese a que carecieron de instrumentos perfeccionados, los mayas lograron precisar con exactitud los ciclos lunares, solares y venusinos, así como las conjunciones de varios cuerpos celestes. Para la Luna, observaron que su ciclo era de aproximadamente 29 días y medio; según tablas del Códice de Dresde, se calculó que estimaron la lunación en 29.53086 días, cuando en la actualidad se calcula en 29.53059 días.

Según observaciones modernas, la duración del año trópico verdadero, es decir, del ciclo solar, es de 365.2422 días. Con la intercalación bisiestal del calendario gregoriano que seguimos, el ciclo está estimado en 365.2425 días. Los mayas, que no efectuaban la intercalación pero que, al registrar una fecha, corregían el error acumulado con su calendario civil de 365 días, lograron una fórmula de 365.2420 días, es decir, más exacta que el calendario gregoriano en un día cada 10 000 mil años.

Por lo que respecta al planeta Venus establecieron un ciclo de 584 días dividido en las siguientes fases: 236

días en que Venus es estrella matutina, 90 días en que desaparece, 250 días como estrella vespertina y ocho días de desaparición. Para la astronomía moderna, las fases del ciclo venusino son respectivamente de 240, 90, 240 y 14 días, con una duración que oscila entre 580 y 587 días y con un promedio de 583.92 días.

Sin que pueda precisarse, los mayas debieron conocer también los ciclos de los demás planetas del sistema solar, cuyos jeroglíficos aparecen en inscripciones. Dieron importancia a estrellas y constelaciones: la Polar (*Xaman Ek*, la gran estrella), que guiaba a comerciantes y viajeros; las Pléyades (*Tzab*, los cascabeles); Géminis (*Ac*, la tortuga). Se ha sugerido, por la representación de animales colgados de la faja celeste en el Códice de París, que usaron un zodiaco para prácticas adivinatorias.

En el Códice de Dresde se identificó una tabla-registro de predicción de eclipses, válida para 33 años consecutivos y que se repite indefinidamente. Cálculos modernos comprobaron que la tabla es en general correcta y que, cuando existe diferencia, no pasa de un día.

Matemáticas

Lo que mencionamos para la astronomía lo debemos referir también para los conocimientos matemáticos. Es bien sabido que pueblos antiguos del Viejo Mundo manejaron las matemáticas miles de años antes que los mayas, que utilizaron diferentes sistemas de numeración y realizaron operaciones elementales, y que los griegos, varios siglos antes de nuestra era, llevaron los conocimientos matemáticos a un alto nivel. Éstos fueron más tarde per feccionados por los hindúes y árabes, siendo los primeros los inventores del signo "cero" algunos siglos después de nuestra era.

Lo asombroso entre los mayas es que también inventaron el "cero" (antes que los hindúes) y que con sólo su numeración vigesimal, el valor posicional de los números y elementales conocimientos teóricos pudieron calcular cantidades astronómicas, efectuar operaciones sencillas —probablemente suma, resta y quizá multiplicación y división— y registrar fechas que alcanzan millones de años.

La numeración maya más usada fue la de puntos (valor uno) y barras (valor cinco); el cero se representaba en los códices con una conchita marina y en los monumentos con una flor cuadripétala, de la que generalmente sólo aparece la mitad. En casos de registros más importantes, los numerales eran caras humanas de perfil, que se identifican por algún detalle. Estos numerales, denominados "variantes de cabeza", constan del uno al 12, más el cero. Para los números del 13 al 19 se repetían las mismas caras correspondientes del tres al nueve, añadiéndoles una mandíbula descarnada, símbolo del 10, que se representa por una calavera. En pocos casos de un registro, seguramente muy trascendente, utilizaron como numerales figuras humanas en que algún elemento indica el valor.

Escritura

Aunque es muy factible que los mayas supieran de la escritura incipiente que tuvieron otros pueblos mesoamericanos antes que ellos, es indudable que crearon su propia escritura, la más avanzada en el continente americano, y que conocemos por centenares de inscripciones esculpidas, grabadas o pintadas en los monumentos, en numerosas vasijas y en los tres códices que nos han legado. Las primeras noticias de ella se encuentran en la crónica de Diego de Landa, quien informa que los mayas poseían libros "escritos con caracteres o letras", escritura de la que presenta un supuesto alfabeto de 27 signos. Además, proporciona los jeroglíficos correspondientes a los 20 días, a los 18 meses y a los cinco días complementarios de su calendario.

Sin embargo, es evidente que los 27 signos referidos no constituyen un alfabeto, puesto que las inscripciones contienen varios centenares de jeroglíficos diferentes y que no todas las supuestas letras de De Landa ocurren en dichas inscripciones. Lo que en realidad presenta el cronista es un intento de transcripción del alfabeto castellano en jeroglíficos reales o en pictogramas que representan elementos cuyo nombre maya se aproximaba fonéticamente a la letra española, como por ejemplo la huella de un pie, símbolo de "camino", que en maya se dice *be*, para la segunda letra de nuestro alfabeto.

Sobre la base de la información de De Landa se iniciaron investigaciones con un enfoque fonético, que se han prolongado hasta la fecha, sin resultados definitivamente convincentes. En realidad, los trabajos fueron generalmente emprendidos por aficionados, comenzando por Brasseur de Bourbourg, descubridor del manuscrito de De Landa y del Códice Troano, quien "leyó" en dicho documento la historia del surgimiento del continente americano inspirado por la leyenda de la Atlántida. De todas las interpretaciones que resultaron de estos intentos, la mayor parte resulta fantasiosa y sólo se aceptan algunas que parecen estar justificadas por las representaciones pictóricas que acompañan al texto glífico, tal como los glifos del pavo, de la guacamaya o del zopilote, así como ciertos conceptos relacionados con los puntos cardinales y los colores asociados con éstos.

Como ejemplos de interpretaciones fonéticas fantasiosas, mencionaremos que uno de los autores "leyó" en los códices alusiones a los aztecas, los cuales aún no hacían su aparición en el escenario de la historia cuando los códices fueron pintados. Otro estudioso reconoció en los glifos calendáricos la posición de los órganos bucales al pronunciar sus nombres; otro descubridor de una "clave" de la escritura maya interpretó los jeroglíficos sirviéndose de diccionarios de muchas lenguas mayances, incluso de las que se hablaban en regiones en que nunca se hallaron textos jeroglíficos: llegó a atribuir a signos registrados en estelas un valor fonético semejante en maya y en sánscrito, que asocia los conceptos "cabeza de elefante" y "aguijón de insecto" o "miembro viril" para expresar la idea de "hacer pasar alguna cosa a través de un río", lo que según dicho autor está expresado pictóricamente en el códice. El más reciente descubridor de una "clave" concluye su exposición con la modesta declaración de que, habiendo demostrado la polivalencia de los signos mayas, "la escritura maya está virtualmente descifrada". No necesitamos insistir en que estas interpretaciones carecen de todo valor científico.

Más serios son los trabajos realizados por el etnólogo soviético Yuri Knorozov, quien considera la escritura maya a la vez ideográfica y fonética y piensa que algunos de los signos del alfabeto de De Landa tienen realmente el valor fonético que el cronista les atribuyó. Su interpretación de algunas palabras y frases de los códices fue refutada por especialistas como Thompson y Barthel, aunque parcialmente aceptada por Kelley. Una reciente publicación de Knorozov presenta la lectura completa de los tres códices reconocidos, más la de otro considerado por los más destacados epigrafistas como una falsificación. Su libro es conocido sólo en lengua rusa.

Otra tentativa soviética fue la que realizó un grupo de matemáticos siberianos, quienes anunciaron haber descifrado los tres códices mayas utilizando computadoras electrónicas. El resultado fue criticado por el filólogo y lingüista mayista Barrera Vásquez, y en términos mucho más severos por Knorozov. Aunque el experimento resultó interesante, no representó progreso alguno para el desciframiento de la escritura maya debido a una programación insuficiente y al total desconocimiento de la estructura de la lengua por parte de los matemáticos soviéticos.

En su *Relación de las cosas de Yucatán,* De Landa no se limita a proporcionar un supuesto alfabeto, sino que desarrolla un calendario de 365 días, proporcionando los nombres de los meses de 20 días, así como los nombres de estos días, en una información en que reúne el calendario civil con el religioso. Los datos aportados por De Landa sirvieron de base para reconstruir el funcionamiento de estos calendarios, íntimamente asociados entre sí. Desde fines del siglo pasado el sistema calendárico maya ha quedado explicado, mas nuevas investigaciones, en el curso del actual, han añadido elementos y aclarado aspectos dudosos. Después de los signos de días y meses presentados por De Landa, se identificaron los jeroglíficos de los periodos que integran la llamada Cuenta Larga; los que indican la mitad o la cuarta parte del *katun*; los numerales de cabezas; distintas representaciones del "cero"; la significación del elemento variable en el glifo introductor de las Series Iniciales; los jeroglíficos de los nueve acompañantes nocturnos; los signos que marcan los finales de periodos; los que anuncian si los "números-distancias" deben sumarse o restarse a la fecha anterior; los elementos que integran el ciclo esotérico de 819 días; los signos de la serie lunar; los del planeta Venus y probablemente los de otros planetas. Además, y pese a que las interpretaciones fonéticas son a veces discutibles, algunas oraciones al parecer proféticas han sido identificadas en los códices, formuladas en un contexto de acertijo ("rebus") en que los signos tienen un valor fonético independiente de lo que representan. Aparte de los glifos calendáricos que mencionamos, otros fueron identificados dentro de un contexto ideográfico. Recordaremos entre ellos los que corresponden a los nombres de los dioses y a los cuales su descubridor (Schellhas) prefirió denominar con las letras del alfabeto, en vista de que la información de las fuentes respecto a los nombres de las deidades no es suficientemente clara y precisa.

Un hecho importantísimo en la historia del desciframiento de la escritura maya se inició hace unos veinte años, cuando Berlin reconoció que a cada ciudad maya se encontraba asociado uno o varios jeroglíficos que se repiten en las inscripciones de cada sitio y nunca o raramente en otros. Se ha supuesto que se trata, si no del topónimo, cuando menos de un nombre que lo designa, quizás una referencia a la dinastía reinante o a la deidad tutelar del centro. Se ha llamado a estos signos "glifos-emblemas", y fueron identificados para una docena de centros. La importancia de esta hipótesis es que contradice totalmente la creencia de que los mayas no hubieran nunca registrado en sus inscripciones datos relativos a su realidad política, sino exclusivamente fechas, cálculos matemáticos y astronómicos, así como referencias esotéricas relacionadas con las fechas.

Posteriormente se identificaron glifos nominales que corresponden a los individuos, esculpidos en los costados del sarcófago hallado en el Templo de las Inscripciones de Palenque (Berlin). En los monumentos de Piedras Negras y Yaxchilán (Proskouriakoff) se identificaron los glifos que deben relatar momentos de la vida de varios gobernantes, tales como nacimiento, entronización, conflictos con otros señores, captura y sacrificio de prisioneros, alianzas, matrimonios y muertes. En Quiriguá (Kelley) también se interpretó la información jeroglífica con enfoque histórico, sugiriéndose alusiones a la dependencia política del sitio en relación con Copán. En Palenque (Ruz) se reconoció en la inscripción registrada en los lados de la lápida sepulcral que cubre el ya mencionado sarcófago una síntesis biográfica del personaje allí enterrado: nacimiento, nombre calendárico, fecha de acceso al trono, títulos jerárquicos, matrimonio, quizás el nombre de su antecesor y el linaje de su esposa, mención de probables familiares y fecha de su muerte. En el caso de este personaje, debe mencionarse que se empleó un procedimiento indebido, por anticientífico y fantasioso, con el que se determinó la versión bastante difundida de que se llamaba Pacal y que su edad al morir era de 80 años, lo cual fue desmentido por los estudios realizados sobre el esqueleto. Asimismo, son de rechazar las informaciones supuestamente proporcionadas por las inscripciones respecto de la dinastía palencana, y las conclusiones que se han ofrecido sobre inventados matrimonios consanguíneos que hubieran causado anormalidades anatómicas presuntamente descubiertas en los relieves.

En resumen, es evidente que se ha progresado en el desciframiento de la escritura maya, pero desgraciadamente falta mucho por hacer y no debe esperarse el descubrimiento repentino y espectacular de una "clave" que revele lo que aún desconocemos.

Calendario

El sistema calendárico maya comprende varios mecanismos sincrónicos, algunos basados en la observación de fenómenos astronómicos y otros de carácter esotérico. Los primeros son los calendarios solar y lunar; los demás son el calendario religioso *(tzolkin)*, el ciclo de los nueve acompañantes y el de 819 días. Además, todos se encuentran integrados en la Cuenta Larga, la cual a veces se expresa en forma abreviada (finales de periodos) y que en los últimos siglos antes de la Conquista fue sustituida por la Cuenta Corta.

El calendario conocido como *tzolkin* (cuenta de los días) parece ser el más antiguo de los calendarios mesoamericanos, y era conocido por los pueblos que habitaban Oaxaca y la costa del Golfo Atlántico varios siglos antes que los mayas. Resulta de la combinación de 20 nombres de días, con los numerales del uno al 13. Los nombres de los días en gran parte coinciden en todos los calendarios mesoamericanos.

El ciclo no tiene correspondencia con ningún fenómeno astronómico o biológico, y sólo puede explicarse como creación intelectual en que se combinó la base de la numeración (20) con una cifra de contenido mágico (13); su función fue exclusivamente de carácter esotérico, y con su ayuda el sacerdote daba al recién nacido su primer nombre y pronosticaba su probable temperamento y su destino, tomando en cuenta los presagios supuestamente anunciados por el numeral y por el nombre del día.

El *haab*, calendario de 365 días, obviamente basado sobre el ciclo solar, era conocido al parecer por los pueblos de Oaxaca y de la costa del Golfo antes que por los mayas. Se dividía en 18 meses de 20 días, más cinco días que se consideraban "sobrantes" y de mal agüero. Los astrónomos habían observado que faltaba una fracción de día para completar el año solar, pero en vez de intercalar el bisiesto, como ya señalamos en la sección de Astronomía, corregían el error acumulado en el momento de registrar una fecha. Especialistas estiman que con su método lograron una corrección de 1/10 000 de día más exacta que con la intercalación de nuestro calendario.

La combinación del *tzolkin* y el *haab* determina lo que se ha llamado Rueda Calendárica, que abarca 73 tzolkines o 52 haabes, es decir, 18 980 días, después de los cuales un día determinado del calendario religioso vuelve a coincidir con otro día preciso del calendario civil. Para los mexicas, este ciclo de 52 años era de suma importancia, ya que implicaba la posibilidad de que el Sol no saliera y de que el mundo se acabara.

Para los mayas dicho ciclo carecía de tal importancia, ya que con la Cuenta Larga tenían una concepción del tiempo cercana a la eternidad. Esta cuenta se integraba con la sucesión de ciclos que, partiendo del día *(kin)*, alcanzaba millones de años. Los principales ciclos que registraban eran los siguientes:

Kin   = 1 día
Uinal = 20 kines   = 20 días
Tun   = 18 uinales = 360 días
Katun = 20 tunes   = 7 200 días
Baktun = 20 katunes = 144 000 días

Menos empleados fueron el *Pictun* (20 baktunes), el *Calabtun* (20 pictunes), el *Kinchiltun* (20 calabtunes) y el *Alautun* (20 kinchiltunes = 23 040 millones de días, o sea aproximadamente 63 millones de años).

El inicio de este cómputo sería el 12 de agosto de 3113 antes de nuestra era (fecha maya 13.0.0.0.0, 4 Ahau 8 Cumhú), de acuerdo con la correlación maya-cristiana más aceptada.

La cuenta lunar establecía la alternancia de meses de 30 y de 29 días, pero como los sacerdotes sabían que en realidad el mes lunar es ligeramente mayor que el promedio de 29.5 días que resultaba de su sistema, rectificaban, cuando era necesario, mediante dos meses consecutivos de 30 días. El año lunar se encontraba dividido en dos semestres.

El ciclo de los nueve acompañantes nocturnos registraba la sucesión de nueve deidades, simbolizadas por glifos determinados (glifo "G"), que se suponía influían sobre los augurios asociados al día. Este ciclo y el anterior formaban la llamada Serie Suplementaria.

Otro ciclo esotérico es el de los 819 días, probablemente originado en la creencia de influencias procedentes de

49

siete deidades terrestres, nueve del inframundo y 13 de los cielos, ya que 819 es el producto de 7 × 9 × 13.

Las fechas de finales de periodos se basaban en la Cuenta Larga, pero registran por ejemplo la fecha en que termina un *katun,* con su correspondiente Rueda Calendárica; en otros casos sólo se indica que finaliza un *katun,* sin precisar cuál, con su Rueda Calendárica. Estas fechas son menos precisas que las de la Cuenta Larga, pero permiten situar con exactitud un acontecimiento histórico dentro del calendario maya.

La Cuenta Corta, o Rueda de Katunes, se componía de sólo 13 katunes y estaba en vigor en Yucatán en el momento de la conquista española. Con este sistema, una fecha determinada se repetía cada rueda katúnica (algo más de 256 años).

La correlación entre el calendario maya y el cristiano no está plenamente definida y existen varias hipótesis; hay una diferencia de cerca de 160 años entre las dos correlaciones más aceptadas. Esta diferencia no pudo resolverse en forma terminante al aplicar a un testimonio arqueológico asociado a una fecha maya la prueba del carbono 14, debido al margen temporal que implica el resultado de la prueba.

Historia

En cuanto los mayas aprendieron de los frailes la manera de escribir sus lenguas en caracteres del alfabeto castellano, dieron a conocer, además de sus creencias cosmogónicas y mitológicas, su propia historia. Es así como en Yucatán los *Libros de Chilam Balam* relatan, en lengua maya, la llegada de grupos extraños, *Xiues* e *Itzaes;* el descubrimiento, la ocupación y el abandono de Chichén-ltzá; la supuesta Liga de Mayapán; la destrucción de esta ciudad; la llegada de los invasores españoles. En los Altos de Guatemala, un cronista quiché, también en su propio idioma, reunió en el *Popol Vuh* todo lo que sabía sobre la creación del mundo y de los hombres, la fundación de los pueblos, los conflictos con otros grupos, la descendencia de los reyes quichés hasta la llegada de los españoles. Otro cronista, en lengua cakchiquel, escribió el *Memorial de Sololá,* que resulta ser un compendio de la historia del pueblo cakchiquel, en el cual se mencionan migraciones, dinastías, guerras contra pueblos vecinos, conquistas, rebeliones, epidemias y finalmente las crueldades que realizaron los conquistadores españoles.

En todos estos casos, los escritores tuvieron a la vista libros antiguos, códices pintados, como lo precisan algunos autores. Los mismos cronistas españoles informan en tales documentos que contenían "sus historias", de los cuales el obispo De Landa mandó quemar una veintena en el desafortunado auto de fe de Maní.

Pero los mayas antiguos no se limitaron a recordar su historia en sus códices, sino también en las inscripciones jeroglíficas de sus monumentos. Durante casi medio siglo imperó entre los mayistas el dogma de que los mayas nunca registraron hechos históricos en tales inscripciones. La negativa a aceptar que pudieran existir en ellas nombres y acciones de personajes reales llevó a la errónea conclusión de que los mayas estaban obsesionados por el paso del tiempo y que sus centenares de monumentos con textos glíficos sólo constituían la prueba de un culto al tiempo, del cual habrían creado una verdadera filosofía.

Ahora sabemos que los dinteles y altares de Yaxchilán relatan sintéticamente la historia de los gobernantes *Escudo-Jaguar, Pájaro-Jaguar* y *Cráneo Enjoyado;* que las estelas de Copán se refieren a una dinastía *Caan,* y que la lápida sepulcral de Palenque resume datos biográficos de *Wöxök Ahau* (8 Ahau).

Es cierto que los mayas tuvieron la preocupación de registrar minuciosamente el tiempo en su complejo sistema calendárico, pero ello no obedecía a una actitud filosófica sobre su implacable y eterno curso. Más bien se debe a su concepción cíclica de todo lo que acontecía en el cielo y sobre la tierra, a la recurrencia de fenómenos naturales y también de acontecimientos humanos, incluyendo los históricos. Saber en qué fecha iba a reproducirse un suceso ocurrido anteriormente era de la mayor importancia, puesto que, en caso de significar consecuencias perjudiciales para la comunidad, era factible que la intervención del sacerdocio pudiera evitarlo o menguar sus efectos.

Medicina

Como los demás pueblos mesoamericanos, los mayas consideraban que las enfermedades podían tener causas naturales o sobrenaturales. En el primer caso, los curanderos establecían la sintomatología y contaban con un amplio arsenal curativo de productos de origen vegetal, animal o mineral, los cuales eran recetados bajo distintas formas: infusiones, cataplasmas, ungüentos, etc. A partir de documentos coloniales se han podido reunir centenares de recetas que se ordenaban para curar muchas dolencias; gran número de los remedios prehispánicos aún se utilizan, por haberse comprobado su eficacia.

En cuanto a los males procedentes de "malos vientos", producidos por enemigos, provocados por incumplimiento de las obligaciones religiosas o por cualquier otra causa desconocida, se suponía que eran de origen mágico y que era preciso curarlos también con prácticas mágicas. Un manuscrito en lengua maya, traducido al inglés, *Ritual of the Bacabs*, presenta numerosas oraciones de hechicería, además de prescripciones médicas. En la actualidad es usual la curación, mediante brujería, de enfermedades de origen supuestamente sobrenatural.

Utilización de los conocimientos científicos

Los conocimientos científicos de los mayas, en parte heredados de pueblos más antiguos que habitaron la región olmeca y Oaxaca y aumentados y perfeccionados gracias a la labor de numerosos especialistas a través de muchas generaciones, estaban monopolizados por el sacerdote. Éste los utilizaba para organizar las labores agrícolas y para establecer, tomando como base el calendario religioso, pronósticos individuales y profecías colectivas, es decir, ejerciendo presiones para que la población actuara de acuerdo con las decisiones del sacerdote (como por ejemplo cuando anunciaba eclipses, sequías, plagas y hambrunas) para obtener mayor sumisión popular a los dictados de los jerarcas y registrar para su propia glorificación, ante las generaciones presentes y futuras, los acontecimientos trascendentales que ocurrieran durante su mandato.

Probablemente los únicos conocimientos que sirvieron realmente al pueblo fueron los medicinales, por más que se entremezclaran con conceptos mágicos que los hechiceros podían, en ciertas circunstancias, manipular con fines ajenos a sus propósitos curativos.

En resumen, puede afirmarse que los conocimientos científicos de los mayas constituían un enorme y decisivo apoyo al régimen teocrático establecido.

RELIGIÓN

Generalidades

La religión de los mayas participaba en muchos aspectos de la que prevalecía entre los demás pueblos mesoamericanos: era politeísta; unos dioses eran favorables al hombre, otros le eran hostiles y muchos presentaban ambos caracteres; una misma deidad podía dividirse en cuatro advocaciones, asociadas a los puntos cardinales y a diferentes colores. Las fuerzas naturales deificadas, vitales para pueblos agricultores, eran veneradas de manera destacada, y los distintos oficios contaban con la protección de dioses patronos.

La división de la sociedad maya en estratos diferenciados —los cuales en última instancia podían reducirse, por una parte, a la gran mayoría que abarcaba trabajadores supuestamente libres y esclavos, y por otra a la nobleza que comprendía a señores y sacerdotes— se refleja en la religión, que puede considerarse en dos niveles: el de la gente común y el de la clase alta.

Es obvio que para el campesino todos los elementos que actuaban en el proceso de la producción vegetal eran seres divinos: la tierra, el maíz, el Sol, la lluvia y fenómenos asociados (viento, rayo, trueno), la Luna y el agua superficial.

La tierra es al mismo tiempo el lugar a donde van los muertos y del cual brota la vida. Se representa con rasgos macabros, nariz y mandíbula descarnadas; suele aparecer en la parte inferior de los monumentos esculpidos. Sería el dios "F" de Schellhas o el dios "R" de Thompson; corresponde al numeral 11 y su glifo es *Manik*.

El maíz era la planta vital por excelencia y, según el *Popol Vuh,* con su masa los dioses crearon al hombre. Su representación humanizada es un hombre joven, cuya cabeza alargada recuerda la forma de una mazorca o está rodeada de hojas; su símbolo es el motivo cruciforme. Algunos autores lo identifican con el dios aún adorado en Yucatán *Yum Kaax* (señor del monte); es el dios "E" de Schellhas, su numeral es 8 y está asociado al día *Kan* (maíz maduro).

El Sol es *Ah Kin, Kinich Ahau* (señor Rostro u Ojo Solar), *Kinich Kakmoo* (Rostro Solar Guacamaya de Fuego). Se representa con una cara de anciano con grandes ojos, a veces estrábicos, un solo diente limado en forma de "T", una espiral sobre la nariz y ganchos saliendo de las comisuras de la boca. Es frecuente en los escudos. Su símbolo es una flor de cuatro pétalos, pero también puede aparecer con los rasgos de un hombre joven. En la clasificación de Schellhas es el dios "G"; su numeral es el 4 y le corresponde el día *Ahau*.

La lluvia es *Chaac*, que en los códices se representa con nariz larga y colgante, espiral rodeando el ojo, voluta sobre la nariz, boca desprovista de dientes o con uno solo. En los edificios de Yucatán puede formar parte de la decoración de la fachada, bajo forma de mascarones con una nariz parecida a un signo de interrogación y boca provista de colmillos amenazadores; en algunas regiones su máscara cubre la parte central de la fachada y su boca forma la entrada al templo. Es el dios "B" de Schellhas; el numeral asociado es el *6* y el día *Ik* (viento). Existe un *Chaac* de diferente color en cada punto cardinal: rojo al este, blanco al norte, negro al oeste, amarillo al sur.

Suelen acompañar a la lluvia, el viento, el rayo y el trueno los *Pauahtunes*, situados en los puntos cardinales debajo de la tierra y con los mismos colores que los *Chaaques*; envían los vientos. No conocemos sus representaciones, quizás por ser sólo servidores del dios *Chaac*. Tampoco se representaron como deidades el rayo y el trueno, pero sus símbolos —hacha y tambor— aparecen frecuentemente en los códices acompañando al dios de la lluvia.

La Luna era venerada entre los mayas no sólo como brillante cuerpo celeste, sino también porque supuestamente influía sobre el crecimiento de las plantas y la salud de los hombres; era la diosa *Ixchel*, a veces representada como mujer joven y considerada como esposa del Sol. Era diosa de la medicina y de la procreación, asociada en general con la mujer, con su vida fisiológica y sus actividades. También estaba ligada al agua y se creía que vivía en los lagos, lagunas y cenotes. Tenía una advocación en cada punto cardinal, con su correspondiente color. Corresponde a la diosa "I" de Schellhas, asociada al numeral *1* y al día *Caban* (tierra).

Otra diosa, o más probablemente una variante maligna de la anterior, sería *Ix Chebel Yax* (¿la relacionada con pinceles?), versión de *Ixchel* con cara de anciana, garras en los pies, huesos cruzados adornando su falda y una serpiente sobre la cabeza. Es ella quien contribuye al diluvio evocado en la última página del Códice de Dresde. Sería la diosa "O" de Schellhas, ligada al numeral *19* y al día *Men*.

Deidades de la élite

Entre las deidades que por su carácter quedaban probablemente ajenas al culto popular, mencionaremos a las que se consideraba creadoras de los demás dioses, a las que personificaban astros que no fueran el Sol y la Luna, a aquellas que reinaban en los cielos y en el inframundo, a las que simbolizaban algunas plantas y a las que estaban asociadas a los numerales y a los periodos cronológicos.

En la cima de la escala de todos estos dioses se encontraba *Hunab Ku* (dios único o dios uno), al cual no se le rendía culto ni se le dedicaban templos, ni se le representaba gráficamente. Identificándose con él, o posiblemente su hijo según algunos autores, estaría *Itzamná*, también considerado creador y dios celeste en su advocación del dios "D", y como dios "K" asociado a la vegetación y a los elementos naturales que se relacionan con ésta. El nombre de *Itzamná*, dios celeste, significa "casa de las iguanas", en donde la tierra es el piso, el cielo las paredes, y las iguanas el conjunto de reptiles y monstruos celestes que moran en el cielo y sobre la tierra. Del cielo vienen el calor solar, las influencias lunares y la lluvia, por lo que se le relaciona con *Kinich Kakmoo*, *Ixchel* y *Chaac*. Se le representa como un anciano desdentado y con una complicada y adornada nariz; como cielo, es el monstruo bicéfalo de los códices transformado en barras ceremoniales que ostentan los jerarcas en los monumentos de piedra. Se relaciona con el numeral 3 y el día *Cauac*.

Otra deidad celeste es *Chicchan*, dios "H" de Shellhas, probablemente supeditado a *Chaac*, serpiente aún adorada como proveedora de lluvia en algunos pueblos mayas. Su numeral es el 9 y corresponde al día que lleva su nombre.

También en el cielo mora *Lahun Chan* (10 cielo), el planeta Venus, una de cuyas advocaciones sería el dios negro "L" de Schellhas, que amenaza con sus dardos cuando sale del inframundo después de ausentarse del cielo. Su numeral corresponde al 12 y su día es *Lamat*.

Otro cuerpo celeste es *Xaman Ek* (gran estrella), la Polar, a la que rendían culto los mercaderes, ya que en ella se basaban para orientarse durante sus largos viajes. Es el dios "C" de Schellhas, autor que más bien creyó que se trataba de la Osa Menor. Su glifo es una cara de mono y aparece en la Serie Suplementaria como el primero de los nueve acompañantes nocturnos y como parte de un glifo lunar.

Finalmente, dos conjuntos de deidades probablemente no pertenecerían al culto popular: los 13 dioses del cielo, *Oxlahun-ti-Ku*, y los nueve dioses del inframundo, los *Bolon-ti-Ku*, enemigos entre sí y cuyas luchas determinaron un cataclismo y el fin de la humanidad, según uno de los *Libros de Chilam Balam*, debido al triunfo de los peligrosos seres del mundo de los muertos.

Una deidad estaba presente en las preocupaciones tanto del pueblo como de la élite: la de la muerte, universalmente temida. Era *Cizin* (hedor o poner tieso), según algunas fuentes históricas; *Uac Mitum Ahau,* que menciona De Landa y que según Thompson debe ser *Chac Mitum Ahau* (gran pudrición universal); *Hun Ahau* (nombre calendárico de Venus); *Ah Puch* o *Ah Pucuh* (señor de los infiernos), o *Yum Cimil* (señor de la muerte).

Es representado en los códices como un esqueleto cubierto de los puntos negros de la descomposición; si lleva falda o capa, ésta tiene adornos de huesos cruzados. En los monumentos puede estar representado también por un esqueleto o como máscara descarnada que frecuentemente sirve de pedestal a figuras paradas. Se creía que moraba en el inframundo, el *Xibalbá* o *Metnal* (deformación del *Mictlan* nahua). Puede estar asociado al dios de la guerra, "F" según Schellhas, y "R", dios terrestre, según Thompson. A veces está acompañado por un perro o una lechuza, y en los códices aparece realizando toda clase de labores. Su numeral es el *10* y su día *Cimi* (muerte).

Deidades gremiales

Otras deidades, o advocaciones específicas de deidades generales, son de carácter gremial, patronas de distintas actividades de hombres y mujeres: *Ixchel, Itzamná, Kinich Kakmoo* para los curanderos; *Cit Chac Coh* (padre puma rojo) y *Kakupacat* (mirada de fuego) para los guerreros; *Ek Chuah* para los mercaderes y los dueños de cacaotales; *Hobnil* para los apicultores; *Ixchel* para las tejedoras; *Kak Nexoc* (tiburón cola de fuego) para los pescadores.

Deidades animales

Además, se rendía culto a muchos animales relacionados con deidades o advocaciones de ellas, entre otros el jaguar, la serpiente, el quetzal, el murciélago, la guacamaya, el perro, el mono, el venado, la rana, la tortuga, la mariposa, etcétera.

Religión y calendario

La religión y el calendario estaban íntimamente ligados. No sólo se asociaban dioses a los diferentes días, sino que a cada día del calendario ritual correspondía un pronóstico para quien naciera en él que precisaba el que sería su carácter, sus cualidades y defectos, así como su oficio futuro. Cuando se iniciaba el año civil los "portadores de año" eran muy importantes, ya que anunciaban si los sucesos que ocurrirían en dicho año serían favorables o contrarios a la colectividad. Los sacerdotes también tenían en cuenta los días que finalizaban los diferentes ciclos calendáricos, principalmente el *tun*, el *katun* y el *baktun*.

Cosmología

Como otros pueblos de Mesoamérica, los mayas creían que la Tierra era una superficie plana y cuadrada que un monstruo acuático sostenía sobre su lomo. En las cuatro esquinas, los dioses *Bacab* soportaban al cielo, cada uno de color diferente; una ceiba marcaba en el centro una quinta dirección vertical. El cielo se dividía en 13 capas superpuestas y el inframundo en nueve.

Cosmogonía

La creencia en distintas razas que, en tiempos remotos, fueron sucesivamente creadas y destruidas, constituye otro elemento común del pensamiento mesoamericano. Entre los mayas, los primeros hombres fueron hechos de lodo y los siguientes de madera; sobrevivieron sólo los que se fabricaron con masa de maíz, porque tuvieron las facultades de sostener y venerar a los dioses, agradecerles su creación y mostrarse dispuestos a servirlos en todo lo que ellos quisieran.

Ritual

El servicio a los dioses se manifestaba a través de ritos que acompañaban todos los actos de la vida individual y colectiva. El ritual comprendía principalmente ayunos y abstinencias, ofrendas de flores, frutos, alimentos, animales, autosacrificios y sacrificios humanos. Los ritos funerarios muestran una notable diferenciación basada en la estratificación social: en los tiempos inmediatamente anteriores a la Conquista se incineraba a los señores y gente principal, conservándose sus cenizas en urnas o estatuas de barro, mientras que los cuerpos de la gente común se enterraban en sencillas fosas debajo de la choza o detrás de ésta.

Para el periodo clásico, la información arqueológica ha revelado toda una gama de entierros: la simple fosa en el suelo, con escasa o ninguna ofrenda, para el hombre del pueblo, y para los miembros de la jerarquía civil y religiosa fosas con piso, paredes y tapa de piedras, o verdaderas cámaras abovedadas, a veces con muros pintados, dentro de estructuras del centro ceremonial (terrazas, plazas, pirámides, templos), acompañando el entierro con ofrendas que llegan a ser muy ricas y en ciertos casos con víctimas sacrificadas.

Sacerdocio

De Landa informa en su *Relación* que en Yucatán los sacerdotes se designaban con una palabra genérica: *Ahkin* (el del Sol). El sumo sacerdote era el *Ahaucan* (señor serpiente) y toda una jerarquía aseguraba las diversas funciones sacerdotales a diferentes niveles.

Muy importante era el *Chilam*, el profeta, conocedor de los libros jeroglíficos, encargado de anunciar los hechos que habían de ocurrir.

Otro cargo era el del *Nacom*, sacrificador, que llevaba a cabo su misión con la ayuda de cuatro ancianos, los *Chaacoob*.

El escalón inferior de esta jerarquía correspondía al *Ahmen* (el que sabe), curandero y hechicero, figura que ha sobrevivido hasta hoy y sigue actuando en las comunidades mayas de Yucatán.

Papel de la religión

En resumen, puede afirmarse que la religión, por un lado, refleja la estructura sociopolítica de la sociedad maya, con dioses populares y otros para la élite, y que por otro lado actuó en forma eficaz y definitiva para asegurar la estabilidad y la continuidad de un régimen en que la mayoría de la población estaba dominada y explotada por la minoría, que ejercía a la vez el poder político y el control religioso.

ARTE

Características generales

En una sociedad estratificada como la maya el arte perseguía un doble propósito: estimular la fe religiosa y enaltecer a los gobernantes. Para lo primero se construían imponentes pirámides y templos lujosamente decorados donde las deidades estaban presentes con sus imágenes esculpidas o modeladas en estuco sobre los frisos y las cresterías; para lo segundo, los bajorrelieves en muros, dinteles y estelas ostentaban las representaciones de los jerarcas, ricamente vestidos, luciendo las insignias de su rango y en actitudes obvias de poderío.

La diferenciación estilística que revelan las manifestaciones artísticas en las distintas regiones del área maya apoya la visión que tenemos de un territorio dividido en Estados autónomos. Procesos históricos, influencias o invasiones extranjeras explican cambios repentinos en la temática y en el estilo; el factor geográfico pudo actuar, directa o indirectamente, facilitando materiales y motivos naturales de inspiración, o bien, provocando reacciones intelectuales ante condiciones propias del ambiente.

El arte maya, con las peculiaridades que lo distinguen, no deja de participar del arte mesoamericano, quizás en mayor grado por los temas que trata que por su forma de expresarlos. Sin embargo, su singularidad radica en la importancia que atribuye a la figura humana, no por sentimiento humanístico, sino por la necesidad que experimentaba la clase dominante de justificar ante los ojos de la población su misión trascendental como representante de los dioses sobre la tierra.

Arquitectura

La arquitectura maya utilizó estructuras semejantes a las que construyeron los demás pueblos de Mesoamérica: pirámides, templos, adoratorios, palacios, juegos de pelota, etc., pero supieron imprimir en todas ellas un sello particular que las hace inconfundibles. En especial, consideramos su propósito de tomar la choza campesina como modelo de sus templos, que los llevó a inventar la forma de techar conocida como bóveda maya o arco falso. Los primeros templos mayas fueron verdaderas chozas de postes y enramadas con techos de palma o paja, pero, al descubrir la manera de obtener el mortero de cal, las paredes vegetales fueron sustituidas por muros de mampostería de piedra aunque conservando los techos de la choza. Finalmente, los mayas construyeron el techo imitando la inclinación de los anteriores e inventando lo que pueblos del Viejo Mundo habían utilizado milenios antes: la bóveda salediza.

La pirámide maya, como la mesoamericana en general, es en realidad la superposición de plataformas troncopiramidales, y se origina posiblemente en el propósito de imitar la forma del cerro en que se suponía moraban las deidades. Su función fue fundamentalmente servir de basamento al templo, pero también llegó a cumplir fines funerarios.

Caracteriza al templo maya un elemento situado sobre el techo llamado "crestería", que añade altura al edificio y que recibía gran parte de la decoración; podía ser maciza o consistir en un muro o dos adosados.

Acostumbramos denominar "palacios" a edificios de numerosos cuartos, que debieron ser residencia de los miembros de la jerarquía dirigente y que pudieron también funcionar como locales administrativos y de almacenamiento.

El juego de pelota maya consta de dos plataformas alargadas y paralelas, con especies de banquetas adosadas en las fachadas interiores; carecían de anillos pero solían llevar esculturas como posibles marcadores o metas por alcanzar con la pelota.

Algunas construcciones, rectangulares o circulares, deben haber servido de torres para observaciones astronómicas.

La arquitectura funeraria varía mucho, como habíamos dicho, y abarca desde simples fosas de piedras toscas hasta cámaras con muros y techos de mampostería, a veces ricamente decoradas con pintura o relieves.

En el Petén, las pirámides son muy altas y se accede al templo por una escalera de pendiente sumamente pronunciada; el templo se caracteriza por el reducido espacio interior destinado al santuario, debido al gran espesor de los muros que tienen que sostener la pesada crestería maciza. Los palacios de Tikal llegan a tener más de 50 cuartos y algunos son de varios pisos.

Contrasta con esta arquitectura la de la región del Motagua: en Copán y Quiriguá no se hallan altas pirámides ni enormes cresterías y el conjunto más importante de Copán, la Acrópolis, resulta de numerosas superposiciones. Los espacios interiores de los templos son mayores y la técnica constructiva de mejor calidad.

La región del Usumacinta parece haber sido influida en su arquitectura por el Petén y por Palenque; el perfil de las pirámides y las cresterías macizas de Piedras Negras procederían del primero, mientras que el pórtico de tres entradas y las ligeras cresterías caladas de Yaxchilán hacen pensar en un origen palencano.

Las estructuras de Palenque muestran el propósito de aprovechar al máximo el espacio interior, sin separarlo del exterior; de allí la presencia del pórtico abierto mediante pilares y los muros de reducido grosor que no soportan más que las esbeltas cresterías caladas. Peculiar del sitio es el santuario, como unidad independiente dentro del cuarto posterior. Los arquitectos palencanos buscaron, además de la ligereza de volúmenes, aminorar el peso de las bóvedas con aberturas de distintas formas.

A Río Bec llega la concepción de las altas y escarpadas pirámides de Tikal, pero transformadas en meras estructuras ornamentales; también la fachada en que predomina el gran mascarón del dios de la lluvia es característica de la región de los Chenes.

En esta última reconocemos la presencia de elementos probablemente procedentes del Puuc, pero cuyo aspecto fundamental es el gran mascarón que acabamos de mencionar, en el que la puerta corresponde a la boca del dios.

En la serranía (Puuc) del sur de Yucatán y norte de Campeche se desarrolló una arquitectura muy propia, donde los planos horizontales predominan, la decoración se limita al friso y la columna se usa tanto como elemento arquitectónico como ornamental.

La llegada al área maya, en el curso del siglo x de nuestra era, de grupos extraños —putunes o chontales y toltecas, en el norte de Yucatán; pipiles y mexicas en las tierras altas de Guatemala—, dejó su marca en la arquitectura. En Chichén-Itzá, los toltecas añadieron a las pirámides amplios vestíbulos hipóstilos y la decoración a base de talud y tablero; utilizaron columnas y pilares en los templos; combinaron la bóveda maya con los soportes columnares; modificaron la orientación de los edificios, y pusieron anillos en los juegos de pelota, los cuales, además, quedaron cerrados en los extremos de la cancha.

Mayapán imitó el estilo maya-tolteca e incluso reprodujo en forma casi idéntica varios edificios de Chichén-Itzá, los llamados Castillo y Caracol, pero la técnica de construcción es de calidad muy inferior. Aparte de los edificios ceremoniales, numerosas casas provistas de pórticos y otras más modestas para la gente común revelan el carácter urbano del sitio, rodeado por una muralla a consecuencia de las guerras que ocurrieron en el posclásico tardío.

Tulum y otros numerosos sitios de la costa oriental de Yucatán, contemporáneos de Mayapán, presentan ciertos elementos reminiscentes de lo tolteca, pero su arquitectura lleva un sello muy propio. Los edificios son generalmente pequeños, los techos de bóveda o planos, los muros intencionalmente desplomados hacia afuera. Como en Mayapán, se percibe que la cultura maya estaba entonces en decadencia y, por las causas que mencionamos antes, Tulum y otros sitios estaban también circunscritos en una muralla.

En las regiones meridionales la arquitectura carece de las características que presenta en el resto del área maya y muestra las diferentes influencias que llegaron del altiplano central. El revestimiento de las pirámides procede de Teotihuacan y, en el posclásico, las pirámides provistas de una doble escalinata que conduce a templos gemelos, las escaleras con alfardas que rematan verticalmente en su parte superior, la base en talud de los muros, los pilares y columnas que dividen las entradas, los techos planos y los juegos de pelota cerrados son típicos del centro de México en la época tolteca y chichimeca. Para defenderse de los ataques, los constructores escogían sitios ubicados en la cima de cerros o montañas, protegidos por barrancas o ríos.

Escultura

La escultura maya refleja la sociedad que la hizo posible y que la utilizaba para asegurar su funcionamiento y su continuidad. A través de las manifestaciones escultóricas, comprobamos por una parte la estratificación social y por otra el carácter dual de la minoría dirigente: religioso y civil. Su temática abarca las representaciones de deidades, personificadas o simbólicas; escenas rituales, tales como presentación de ofrendas o realización de autosacrificios; personajes importantes en su papel de gobernantes; individuos de clase inferior que siempre se encuentran en actitud de sumisión o de víctima.

La autonomía política de la que se supone gozaban los Estados parece confirmada por las diferencias estilísticas que se aprecian en cada uno.

En el Petén, mascarones de estuco que simbolizan a las deidades adornaban frisos y cresterías, mientras que en las estelas y dinteles se reproducen los rasgos de los gobernantes ricamente ataviados, con los atributos de su jerarquía, en actitud hierática; van acompañados de jeroglíficos que deben referirse a momentos importantes de sus reinados.

Un estilo más recargado, en el que los escultores no se limitaron al bajorrelieve como en el Petén, sino que emplearon frecuentemente el altorrelieve e incluso el bulto redondo, es el que caracteriza la región del Motagua, Copán en particular. También son jerarcas los que aparecen en las estelas, con atuendos de una riqueza extraordinaria, mientras que los altares, frecuentemente zoomorfos, aluden a deidades; un texto jeroglífico completa las solemnes efigies.

En los sitios del Usumacinta el estilo dinámico anima las expresiones escultóricas y nos muestra a los dirigentes en escenas rituales, palaciegas o bélicas. Los cuerpos humanos son visibles pese al lujoso vestuario, y la mayor parte de las escenas revela el poderío de los jefes. La vida de algunos de éstos ha sido parcialmente interpretada en las inscripciones jeroglíficas que confirman el contenido de las representaciones.

La brillante personalidad de los delicados artistas palencanos se manifiesta particularmente en los bajorrelieves de piedra y en el modelado de estuco. Señores acompañados por vasallos, acólitos o víctimas formaban lápidas, paneles y tableros adosados a los muros y pilares; cabezas en estuco de probables dirigentes estaban integradas a los edificios; mascarones de deidades ornaban los frisos y las cresterías; símbolos religiosos y textos jeroglíficos completaban las representaciones.

En las regiones de Río Bec y los Chenes, combinando la piedra con el estuco, los escultores plasmaron la preocupación por la escasez de lluvia, repitiendo el motivo del mascarón de *Chaac* e integrándolo a la fachada de los templos de modo que su boca coincidiera con la entrada.

Pero es en el Puuc donde la omnipresencia del mascarón del dios de la lluvia se vuelve obsesiva, condicionada por la ausencia de ríos y un régimen pluvial insuficiente. Imponentes composiciones que forman un verdadero mosaico de piedras cubren los frisos de templos y palacios; además de *Chaac*, elementos geométricos de significado simbólico completan la decoración. Raramente aparece la figura humana: el arte es aquí esencialmente religioso.

La llegada de invasores al norte de Yucatán modificó notablemente la escultura, más en la temática que en la forma, ya que probablemente siguieron laborando en muchos casos los artistas mayas, aunque bajo la dirección de sus nuevos jefes. Los principales motivos impuestos por los toltecas fueron: la serpiente emplumada, símbolo de *Quetzalcóatl-Kukulcán;* las columnas y pilares serpentiformes; los guerreros; la procesión de jaguares; las águilas y los jaguares devorando corazones; los llamados *chacmooles;* las figuras de atlantes; los portaestandartes; las representaciones de deidades del altiplano mexicano, y escenas de sacrificios humanos por arrancamiento del corazón.

Mayapán copió los temas toltecas de Chichén-ltzá como lo hizo con las formas arquitectónicas. Por ejemplo, el fuste de las columnas serpentiformes, en vez de estar esculpido, era de estuco pintado, así como las representaciones de serpientes entrelazadas en las alfardas de los edificios. Figuras humanas de estuco y otras zoomorfas, adosadas a columnas o empotradas en muros, son de una tosca realización y revelan cómo la escultura, al igual que la arquitectura, era de calidad muy inferior a las expresiones del periodo clásico.

Algo semejante ocurre en la costa oriental de Yucatán. La mayor parte de las representaciones está groseramente realizada en estuco e integrada a las construcciones. Comprende en Tulum serpientes emplumadas, figuras humanas y animales, y principalmente la deidad descendente, quizás el Sol al atardecer, el *Tzontemoc* mexicano.

En el área meridional, la escultura refleja las sucesivas influencias que allí llegaron. Para el preclásico, cabezas colosales, figuras olmecoides; estelas de Izapa y Kaminaljuyú, en las que se reconoce una fase de transición entre lo olmeca y lo maya, con motivos mítico-religiosos, y también la glorificación de los gobernantes. Para el clásico, estelas de la región de Santa Lucía Cotzumalhuapa, en que se combinan elementos teotihuacanos, del Tajín y toltecas, con escenas mitológicas asociadas al juego de pelota y a la decapitación. Para el posclásico, marcadores de juego de pelota, cabezas humanas y de animales (jaguares, águilas) empotrados en muros; discos solares de influencias "mexicanas" del altiplano.

Aunque no son muchos los ejemplos de pintura mural que han sobrevivido, nos permiten tener una visión muy viva de algunos aspectos de la sociedad maya, de sus creencias y actividades. Conocemos murales que datan desde el clásico temprano (siglo v) hasta el posclásico tardío (siglo xv) y que abarcan desde el Petén hasta el norte de Yucatán. Los temas tratados varían entre ceremonias civiles, escenas bélicas, sacrificios, procesiones y danzas rituales, motivos simbólicos, relatos históricos, ceremonias religiosas y personajes divinos en alusiones míticas.

Las ceremonias civiles, como en Uaxactún, Palenque y Chacmultún, deben conmemorar momentos importantes, tales como la entronización de un gobernante, y revelan las diferencias jerárquicas por el atuendo y las actitudes. Restos de un mural palencano reproducen una escena, varias veces representada en bajorrelieve, del mismo sitio: el acceso al trono de un jefe. Las semejanzas en composición entre las pinturas de Uaxactún y Chacmultún, separadas geográfica y cronológicamente, muestran la continuidad en las manifestaciones pictóricas sobre temas históricos, y lo mismo podemos afirmar al comparar los murales de Bonampak con los de Mulchic, ya que estos últimos también refieren un levantamiento contra los dirigentes y el correspondiente castigo. La misma tradición prosigue en Chichén-Itzá durante la dominación tolteca, y los invasores ordenan murales que recordarán a la posteridad su llegada y su triunfo sobre los mayas, así como la brillantez de su sacerdocio y su milicia. En Bonampak, sitio donde se descubrió la mayor superficie pintada, se eternizó un acontecimiento histórico, probablemente la represión ejemplar causada por un levantamiento popular que fracasó, a juzgar por el encuentro singular entre señores bien armados y vestidos e individuos sin armas y casi desnudos. Un desfile de músicos y danzantes, presenciado por la corte, antecede a la batalla, y el desenlace de ésta es el castigo y la muerte de los prisioneros; danzas de regocijo celebran el triunfo de la jerarquía sobre los campesinos rebeldes.

En contraste con las pinturas mencionadas, cuyo propósito es narrar hechos históricos en un estilo dinámico y frecuentemente muy realista, las más recientes de la costa oriental de Yucatán sólo pretenden referirse a deidades y a eventos míticos. Se acercan en su temática, composición y estilo a las pinturas de los códices mayas y no mayas; elementos simbólicos que se conocen de los libros pintados mexicanos y mixtecos, así como algunos glifos mayas, completan el texto pictórico de Tulum y Santa Rita.

Cerámica

Toda clase de objetos de barro fabricaron los alfareros mayas: recipientes domésticos para conservar líquidos, cocinar y comer; vasijas destinadas a la presentación de ofrendas a los dioses y a los difuntos; máscaras y figurillas.

El desarrollo técnico, a través de los siglos, abarcó desde las formas más sencillas y sin decoración hasta las más elaboradas y decoradas mediante pintura, relieve o elementos modelados. Tal proceso, cuyas etapas cronológicas revela la estratigrafía, sirve de base fundamental para el fechamiento de los sitios, de las construcciones y de los entierros y ofrendas que con ellos se descubren.

La decoración correspondiente al periodo preclásico consiste en aplicar sobre el barro fresco las uñas de los dedos, las puntas de algún objeto, conchas marinas, tejidos, cuerdas, sellos, o en hacer burdas incisiones o líneas grabadas, así como en pegar elementos sencillos de barro (pastillaje).

La decoración pintada, bicroma, de motivos geométricos simples, aparece en el protoclásico y se vuelve policroma en el clásico, con temas geométricos o de animales estilizados en la fase temprana, para llegar al apogeo en el clásico tardío. Durante esta fase la variedad de formas es notable: las técnicas decorativas elaboradas comprenden todas las posibilidades plásticas y pictóricas; los estilos son diferentes en las diversas regiones. Los motivos utilizados pueden ser símbolos religiosos, formas geométricas, elementos zoomorfos y fitomorfos, personajes civiles y religiosos de diferentes jerarquías que generalmente están representados en escenas muy realistas, y también inscripciones jeroglíficas.

Con el posclásico llega una cerámica anaranjada difundida por los invasores, procedente del Golfo de México, del altiplano central o de las tierras altas guatemaltecas. Las formas son nuevas, el acabado de la superficié distinto ("plomizo") y la decoración incisa, grabada o impresa con sello.

Durante la última fase del periodo se observa un retorno a ciertas formas clásicas mayas, en una cerámica roja tradicional, al mismo tiempo que se siguen reproduciendo las vasijas del periodo tolteca; abundan las urnas y braseros antropomorfos con base campaniforme, las vasijas efigies que representan deidades o animales. Pero la técnica es rudimentaria, el barro grueso y mal cocido, la superficie deficientemente pulida. Como la arquitectura y la escultura, la cerámica refleja la decadencia cultural que caracteriza los últimos siglos antes de la Conquista, siglos agitados por conflictos bélicos entre los diferentes Estados.

Las figurillas de barro constituyen un elemento importante del ritual religioso en los pueblos prehispánicos. En el área maya, aparecieron desde el preclásico inferior (1500 antes de nuestra era), temática y estilísticamente poco diferenciadas de las demás mesoamericanas. Eran modeladas, con rasgos toscos, incisión, perforación y pastillaje. La representación femenina estaba generalizada, ya que estos pueblos recién llegados a la era agrícola asociaban la fecundidad de la mujer a la fertilidad de la tierra. Las figurillas desaparecieron durante el preclásico superior y el clásico temprano, seguramente debido al proceso de institucionalización de la religión, para volver a producirse en el clásico tardío. Ahora representaban deidades, personajes importantes de la jerarquía civil y religiosa, jugadores de pelota, artesanos, guerreros, bailarines, seres anormales, ancianos y jóvenes, mujeres de distintos estratos, animales, en fin, un muestrario ilustrativo de la sociedad, las actividades de la población y sus creencias. La mayor parte de las figurillas conocidas procede de la isla de Jaina, Jonuta y Palenque. Son por lo general muy realistas.

Lapidaria

Trabajando con técnicas rudimentarias, debido a que los mayas conocieron los metales hasta una época tardía (siglos XI o XII), los lapidarios lograron magníficas tallas en piedras duras, principalmente con el jade. La mayoría de estos objetos estaba destinada a servir de adorno para los jerarcas: diademas, orejeras, narigueras, collares, pectorales, pulseras, anillos, etc. Las joyas podían estar grabadas en bajo o altorrelieve y en bulto redondo. En algunos casos, con técnica de mosaico, formaron máscaras o placas circulares para cinturones; no faltaron tampoco las estatuillas y cabecitas. Los motivos eran antropo, zoo y fitomorfos. Kaminaljuyú, Nebaj, Uaxactún, Tikal, Copán, Palenque, Jaina y Chichén-Itzá (cenote sagrado) son los principales sitios donde se descubrieron obras de jade.

Arte plumario

Las representaciones en los relieves y principalmente las pinturas murales (Bonampak en particular) nos ilustran sobre la elaboración por especialistas de hermosos objetos hechos de plumas de distintos colores, de las cuales las más preciadas eran las de quetzal. Tales objetos comprendían tocados, penachos usados sobre la cabeza o en la espalda, capitas, forros de escudos, sombrillas, doseles, adornos de lanza, cetros, abanicos, etcétera.

Orfebrería

Aparte de las dos piernas de una figurilla hecha en tumbaga —las que se encontraron en Copán, dentro de una caja de ofrenda asociada a una estela fechada en el año 782 de nuestra era, pero que correspondían a un depósito más tardío— y de objetos (cascabeles, anillos de cobre) descubiertos en tierras altas de Guatemala y cerca de Quiriguá, casi todos los objetos de metal aparecieron en el cenote sagrado de Chichén-Itzá. Son piezas de oro, cobre y tumbaga (aleación de oro y cobre) que comprenden discos, mangos de abanicos, sandalias, orejeras, anillos, mascaritas, copas, cascabeles, etc. Proceden de América Central (Panamá y Costa Rica sobre todo), del altiplano mexicano y de la Mixteca. Discos repujados, con representaciones de batallas entre mayas y toltecas, se hicieron localmente con el metal obtenido por fundición de piezas centroamericanas.

Música, canto, baile, teatro, literatura

Los cronistas españoles del siglo XVI han dejado constancia sobre estas actividades artísticas, íntimamente ligadas entre sí, que aquí referimos.

Música. Por dicha información, completada con hallazgos arqueológicos (objetos y pinturas murales), conocemos los principales instrumentos mayas. Mencionaremos los siguientes: *tunkul, pax y huehuetl;* tambores; timbales de barro; sonajas (calabazos o figurillas de barro); cascabeles de metal; carapachos de tortuga que eran tañidos con astas de venado; raspadores estriados de hueso; grandes trompetas de madera o corteza de árbol; caracoles marinos; flautas de barro, carrizo o hueso; silbatos y ocarinas de barro.

Canto. Los cronistas mencionan cantos acompañados por música o sin ella. Algunos constituían relatos históricos o leyendas; otros eran cantares a los dioses o tradicionales en ciertas fechas calendáricas. El *ah holpop* era el maestro cantor de los pueblos; cuidaba de los instrumentos y dirigía los actos musicales y los cantos.

Baile. Se celebraban bailes con acompañamiento de música y cantos en fechas importantes del calendario y en ceremonias religiosas.

Las crónicas citan, entre otras, la danza de los guerreros, la de las ancianas, el baile que De Landa llama "del demonio", un baile sobre zancos, bailes asociados a animales (pájaro, comadreja, armadillo, ciempiés) y el baile denominado *naual*, para hombres y mujeres, que el cronista calificó de "no muy decente".

Teatro. Parece que ciertas representaciones bailables no llevaban más propósito que divertir al pueblo. Los actores representaban a nobles, galanes, magos, bufones, en obras que divulgaban leyendas y hechos históricos, cuando no farsas profanas que abundan en chistes y burlas. Entre las obras teatrales que nos han llegado debe citarse el *Rabinal Achí*, drama-ballet quiché.

Literatura. Los textos prehispánicos que conocemos son apuntes jeroglíficos para el uso del sacerdote y no pueden considerarse como literarios, pero los documentos escritos inmediatamente después de la Conquista por individuos que habían aprendido a escribir su lengua con el alfabeto castellano son verdaderas obras de literatura. Nos referimos a los libros de *Chilam Balam*, para Yucatán; al *Popol Vuh* de los quichés y al *Memorial de Solalá*, para los cakchiqueles. El contenido de estos documentos comprende textos históricos, religiosos, míticos, proféticos, y nos enseña lo que eran el pensamiento, el sentido histórico y las dotes literarias de los antiguos mayas.

Como los conocimientos científicos y la religión, el arte servía para que la clase dirigente afianzara su poder sobre la gran masa del pueblo. A través del arte, ésta conocía a las deidades, entraba en contacto con ellas, las veneraba y aceptaba el dominio absoluto de quienes se presentaban como sus representantes terrenales. El arte maya, producto de una sociedad clasista, contribuía eficazmente a garantizar su funcionamiento y su continuidad.

HISTORIA CULTURAL

El desarrollo histórico de todos los pueblos obedece a leyes cuya comprobación es evidente cuando se estudia la historia de la humanidad. No es producto del azar ni tampoco de la voluntad del hombre ni de las ideas. Son fuerzas materiales las que determinan el curso histórico, fuerzas resultantes del fenómeno económico, el ambiente natural, el nivel tecnológico, el crecimiento demográfico, las relaciones humanas que se derivan del proceso de la producción y distribución de los bienes, las contradicciones que provocan estas relaciones y las soluciones susceptibles de resolver tales contradicciones.

Sin querer forzar el cuadro del desarrollo cultural de los mayas para que se ajuste a esquemas universales, pero también sin aceptar que la historia maya constituya un fenómeno único, creemos que ésta puede compararse con la de otros pueblos antiguos y en particular con algunos que ofrecen características muy semejantes. Intentaremos reconstruir la historia cultural de los mayas con un enfoque materialista y considerando que la estructura socioeconómica del pueblo maya perteneció al mismo modelo tributario que rigió en varias civilizaciones asiáticas (China, Cambodia, India, Cercano Oriente), así como en Egipto, Creta y Micenas.

Preclásico inferior
(1500-800 antes de nuestra era)

Después de prolongado periodo de economía recolectora, cazadora y pescadora, los pueblos se iniciaron en la vida agrícola.

El sitio más antiguo conocido en el área maya es La Victoria, ubicado sobre la costa guatemalteca del Pacífico.

Se trata de una pequeña aldea con escasa población, cuyo nivel tecnológico era rudimentario y de economía de autosuficiencia, sin más organización social que la familia.

Sus creencias eran de carácter animista; practicaban ritos mágicos para obtener buenas cosechas y rendían un culto sencillo a los muertos.

Preclásico medio
(800-300 antes de nuestra era)

Las fuerzas productivas aumentaron durante este periodo, más por el crecimiento demográfico que por avances tecnológicos. Es probable que el cultivo del maíz, por el simple hecho genético de su persistencia, tuviera mayor rendimiento, y con otras plantas y tubérculos en tierras bajas, más los productos de la caza, pesca y recolección, la población contaba con los alimentos suficientes para su incremento y la creación de muchos sitios, en un inmenso territorio originalmente poco poblado.

La estructura social se había vuelto más compleja, al separarse de la producción un grupo que pretendía poseer poderes sobrenaturales para dedicarse a actividades mágicas en beneficio de la crédula población. La mayor concentración humana en los pueblos y aldeas determinó que se construyera en cada uno algún local para tales actividades, embrión de lo que más tarde sería el centro ceremonial, y que consistía en una choza mayor que las demás y edificada sobre una plataforma.

Durante este periodo llegaron al área maya grupos portadores de una cultura establecida en la costa del Golfo Atlántico que se difundió pasando por Oaxaca hasta el litoral del Pacífico y los Altos de Guatemala: la cultura conocida como olmeca. Estos grupos dominaron en el área meridional y aportaron nuevos conocimientos como el calendario, una incipiente escritura, la deidad jaguar y la práctica de esculpir colosales cabezas humanas.

Preclásico superior
(300 antes de nuestra era
a 150 de nuestra era)

Aparentemente sin adelantos tecnológicos, la población siguió incrementándose y ocupó mayor extensión territorial. La diferenciación social fue precisándose, y el grupo que en su origen fue de magos y hechiceros se había vuelto una clase superior que asumió la organización de las fuerzas productivas, la distribución de los bienes y el

81

control político y religioso. Su función no era ya sólo la de intermediarios con las fuerzas naturales y las deidades, sino también de dominio y explotación.

Los centros ceremoniales fueron integrándose y las chozas-templos se edificaron sobre pirámides. Esculturas monumentales —estelas y altares— representaban a los dioses y a sus representantes humanos. Izapa muestra la transición entre las culturas olmeca y maya; algunos centros florecieron sobre la costa del Pacífico y en los Altos guatemaltecos (Kaminaljuyú). La élite dirigente mandaba hacer esculturas en su honor y ordenaba ricas ofrendas para sus funerales. La choza dejó lugar a una construcción con muros de mampostería y que conservaba el techo de palmas. Tikal y Uaxactún florecieron en El Petén; Dzibilchaltún, Acanceh y Maní, en Yucatán.

Protoclásico
(150-300 de nuestra era)

El proceso de formación de los centros ceremoniales se impulsó aún más en este periodo, aumentando en número y en importancia. La estratificación social se acentuó, como lo revelan las estelas donde se exalta el poder de los gobernantes.

Clásico temprano
(300-600 de nuestra era)

La cultura maya había llegado a su cristalización como culminación de un proceso iniciado y en desarrollo durante los periodos anteriores. La agricultura había progresado en algunas regiones gracias al uso de terrazas de cultivo y canales de riego para aumentar la superficie cultivable, aunque fundamentalmente el utillaje seguía siendo el mismo que 2 000 años antes.

La explosión demográfica que registra este periodo se refleja en la fuerte expansión de los centros habitables y el crecimiento de los que ya existían. El comercio interno y externo contribuyó al impulso económico. Sin embargo, los avances tecnológicos se orientaron más hacia la satisfacción de la clase dirigente que hacia el beneficio popular. En arquitectura, el uso de la bóveda se limitó a los centros ceremoniales, y lo mismo ocurrió con las demás artes. Los éxitos intelectuales —astronomía, matemáticas, calendario, escritura— se volvieron armas de poder para la minoría dominante.

Ésta integraría una teocracia en que lo religioso y lo civil estaban íntimamente ligados, teocracia sostenida gracias a los excedentes producidos por la clase trabajadora, campesinos y artesanos. Grandes centros florecieron entonces y no todos gobernados por señores mayas, puesto que en el área meridional, Kaminaljuyú prosperaba bajo la dominación teotihuacana. Los centros ceremoniales se llenaron de pirámides, templos, palacios; numerosos monumentos de piedra y pinturas murales glorificaban a los dirigentes, lo mismo en el área central (Tikal, Uaxactún) que en la septentrional (Dzibilchaltún, Oxkintok, Acanceh).

Clásico tardío
(600-900 de nuestra era)

En este periodo el desarrollo de las fuerzas productivas llegó a su máximo, tanto en crecimiento demográfico como en extensión territorial cultivable y en explotación de la naturaleza. Este desarrollo estaba completado por una explotación del trabajo humano llevada a su límite. Los centros ceremoniales significaban el mayor despilfarro de las fuerzas productivas. Millares de edificios, distribuidos en centenares de sitios en toda la extensión del área maya, reflejan claramente la situación: la explotación inhumana de la población en beneficio de la élite aristocrática y sacerdotal. Todos los excedentes de producción y todas las actividades creadoras se canalizaban hacia ella.

Para lograrlo, se necesitaba una organización centralizada, la que a través de una ramificación burocrática se imponía hasta los centros menores más alejados. El poder estaría dividido para un mejor funcionamiento entre jefes civiles y sacerdotes, todos ellos miembros de la nobleza y fuertemente integrados en un poderoso haz de jerarcas que controlaban las actividades productivas, las obras públicas y suntuarias, la vida material y espiritual de toda la población.

Colapso en el área central
(fines del siglo IX a principios del XV)

Pero este apogeo de una brillante civilización iba a determinar en el área central su propio colapso. Para explicarlo se han sugerido fenómenos naturales, cambios climáticos o terremotos; plagas y epidemias que provocaran el abandono de los sitios; el agotamiento del suelo por el sistema de roza; la decadencia intelectual propia de toda civilización que ha cumplido su ciclo; la intrusión de creencias extranjeras; la invasión de grupos portadores de una cultura no maya.

Creemos que el colapso tuvo diferentes causas, pero que fundamentalmente se debió a las contradicciones inherentes a la sociedad, a las relaciones antagónicas que regían entre sus miembros; en última instancia, al sistema tributario de su modo de producción. Nuestras conclusiones se basan en las siguientes premisas: el cese de las actividades culturales que ordenaban los gobernantes en beneficio propio y la ocupación de los centros ceremoniales por la población campesina.

Se ha comprobado la invasión de algunos centros por extranjeros que a veces pudieron sustituir a los jefes mayas (Palenque, Seibal), pero su presencia en el área central no fue duradera y no lograron prolongar la vida cultural sino por poco tiempo.

La clase dominante indudablemente fue aniquilada, las actividades culturales cesaron y los pueblos, carentes de dirigentes aptos, apenas pudieron sobrevivir en un medio natural hostil. Habían tratado en vano de resolver el antagonismo causado por la contradicción entre el desarrollo de las fuerzas productivas y las relaciones de producción, sublevándose y aniquilando a señores y sacerdotes. Pero, incapaces de organizar un nuevo sistema, se limitaron a ocupar los edificios destinados al culto y a la residencia de los dirigentes y volvieron al régimen que había regido durante el preclásico inferior. Sobrevivieron así, diezmados por las difíciles condiciones de vida, hasta la conquista española, con una economía de autosuficiencia, un sistema social comunitario y un muy bajo nivel cultural.

Posclásico temprano
(1000-1250 de nuestra era)

Pero si la civilización maya había llegado a su ocaso en el área central a principios del siglo x, en las demás áreas, Altos de Guatemala y norte de Yucatán, los invasores procedentes de la frontera occidental y del altiplano mexicano crearon una cultura híbrida, maya-nahua. Los primeros en llegar a Yucatán fueron los *chontales* o *putunes,* que al final del periodo clásico habían penetrado hasta El Petén; siguieron los *itzaes,* también de origen chontal, que arribaron a la costa oriental por vía marítima; luego los *xiues,* y finalmente otra oleada dirigida por el jefe y sacerdote tolteca Quetzalcóatl, expulsado de Tula en 987 de nuestra era y convertido en *Kukulcán.* En las regiones del área meridional los invasores fueron los *pipiles,* portadores de la cultura tolteca.

Estas invasiones no modificaron sensiblemente el desarrollo de las fuerzas productivas, salvo por el fuerte impulso que recibió el comercio con el centro de México y América Central. La producción artesanal, la extracción de la sal, la producción de miel, copal, algodón y cacao se incrementaron para surtir el mercado exterior; los grandes mercaderes estaban muy ligados a la nobleza o formaban parte de ella. Yucatán conoció entonces un extraordinario auge cultural, principalmente Chichén-Itzá. Nuevas normas modificaron los conceptos religiosos y las expresiones estéticas. La presión sobre la clase productora debió aumentar, ejercida ahora por el militarismo, coludido con el sacerdocio, la aristocracia y los mercaderes. El pueblo probablemente quedó más explotado que en los periodos anteriores.

La contradicción entre las fuerzas productivas y las relaciones de producción se agravó y es muy posible que el trágico final de Chichén-Itzá (1250 de nuestra era) no haya sido causado sólo por las rivalidades con Mayapán, sino también por algún movimiento de violencia como el que causó el colapso en el área central.

Posclásico tardío
(1250-1524/1541)

Este último periodo de la historia maya muestra la desintegración económica, política y cultural de la sociedad. Mayapán dominaba en el norte de Yucatán y desarrolló un intenso comercio con Centroamérica a través de los puertos de intercambio escalonados sobre la costa oriental de la península. Pero la estructura socioeconómica se agrietaba, en gran parte a causa de las luchas que estallaron entre los diferentes Estados. Las tierras comunales habían pasado en cierto grado a los jefes guerreros y a los mercaderes. El clima bélico obligó a construir murallas alrededor de los centros ceremoniales (Mayapán, Tulum y otros). En los Altos de Guatemala, donde había ocurrido un proceso semejante, se escogieron para ubicarlos la cima de montañas, lugares naturalmente protegidos de los invasores por ríos y barrancas. La decadencia cultural que mencionamos antes se derivó de las preocupaciones por las guerras entre los cacicazgos y de sus funestas consecuencias.

Las contradicciones del sistema, agravadas por el militarismo, la presión mercantil y las guerras, iban a producir otro intento de sublevación por parte de los oprimidos, y en una cruenta rebelión, la familia que gobernaba en Mayapán, la de los Cocom, quedó aniquilada y la ciudad fue arrasada (1441).

Ochenta años más tarde, otro grupo de extranjeros procedente de otro continente invadió el área maya y comenzó a imponer su dominación sobre el pueblo, poniendo fin a tres milenios de la historia autóctona de los mayas.

Textos antológicos

ÁREA MAYA

*Un laboratorio único para el estudio
de civilizaciones antiguas*[1]

E L CUADRO completo de la historia maya se desarrolló
dentro de los confines de la península de Yucatán.
Aquí tuvo su origen, su crecimiento, florecimiento, decadencia, renacimiento y su caída y ruina definitivas,
dentro de un periodo aproximado de 2 000 años, que se
extendió del año 300 antes de nuestra era al 1700 de la
misma. Como consecuencia del aislamiento extraordinario del país maya, rodeado en tres lados por vastos de-
pósitos de agua inexplorados en aquel tiempo, y limita-
do en el lado restante por la elevada cordillera, al sur de
la cual la cultura maya parece no haber penetrado nunca,
los mayas desarrollaron su incomparable civilización
prácticamente sin influencia alguna del mundo externo.
Su origen, desarrollo y primer florecimiento en la época
del Viejo Imperio se debieron exclusivamente al genio
propio del pueblo maya, estimulado y producido por el
ambiente abundante y feliz en que tuvo la fortuna de vivir. La decadencia del Viejo Imperio parece haber obede-
cido a circunstancias inherentes a su propio desarrollo,

[1] Sylvanus Morley, 1947, p. 27.

como si hubiera sido el precio que los mayas tuvieron que pagar a cambio de su brillante progreso cultural.

Todo este cuadro de un aislamiento geográfico único, aunado a una civilización indígena sobresaliente que se desarrolló en una comarca tan aislada en lo cultural, y prácticamente libre de influencias extrañas, constituye tal vez el mejor laboratorio que pueda encontrarse en cualquier lugar del mundo para el estudio de una civilización antigua.

Las tierras altas de Guatemala y Honduras occidental[2]

Las cadenas de montañas del sur forman una gran muralla en forma de media luna, de la cual arranca la península de Yucatán para dirigirse hacia el norte. En algún lugar de esta región, probablemente en el occidente de Guatemala, los mayas desarrollaron, durante el tercer o segundo milenio antes de nuestra era, el sistema de agricultura en que había de fundarse más tarde toda su civilización.

Esta región está formada por una altiplanicie con cadenas de montañas de origen volcánico que separan los valles elevados. Los picos más altos alcanzan alturas de más de 4 000 metros: Tajumulco, 4 210 metros; Tacaná, 4 064 metros; Agua, 3 752 metros; Acatenango, 3 960 metros; Fuego, 3 835 metros; Santa María, 3 760 metros, y Pacaya, 2 544 metros. Los tres primeros están extintos, los últimos cuatro continúan en actividad; todos se encuentran en Guatemala.

[2] Sylvanus Morley, 1947, pp. 16-26.

Dos sistemas fluviales principales riegan esta región: 1) el río Motagua, que nace en el Departamento del Quiché, Guatemala, corre hacia el este y nordeste y, en la última parte de su curso, hacia el norte, para desembocar al este de Puerto Barrios, en el Golfo de Honduras, formado por el Mar Caribe en su seno sudoeste; 2) el río Usumacinta, formado por tres afluentes principales: Pasión, Chixoy o Salinas, y el Lacantún. El río de la Pasión nace en el Departamento de Alta Verapaz y después de correr en una dirección general norte y oeste se reúne con el Chixoy o Salinas. Este último nace en el Departamento de Huehuetenango y se junta con el de la Pasión en el sitio de la antigua ciudad maya denominada Altar de Sacrificios, situada en la punta de tierra que se encuentra entre los dos ríos. El río Lacantún riega el oriente de Chiapas (México) y el norte de Huehuetenango y el Quiché (Guatemala), y corre hacia el este para desembocar en el Pasión y Chixoy ya unidos, 35 kilómetros abajo y al noroeste de Altar de Sacrificios. Desde la confluencia del de la Pasión y del Chixoy, el río toma el nombre de Usumacinta y constituye una de las vías fluviales más grandes de Centroamérica. Forma la frontera occidental del Departamento del Petén y desemboca en el Golfo de México por medio de varios brazos, de los cuales los más importantes son el río Palizada, el de San Pedro y San Pablo y el Grijalva. El río Usumacinta y sus tributarios eran la vía fluvial de mayor consideración del Viejo Imperio Maya.

Volviendo a los Altos de Guatemala, donde viven aún cerca de millón y medio de descendientes de los antiguos mayas, encontramos que la región se eleva a 1 000 metros y aun más sobre el nivel del mar. Los inviernos son secos y frescos, y aun fríos; el agua se congela y en las altas montañas hiela. Los veranos son menos calientes que en las tierras bajas del Petén y Yucatán hacia el norte, y la estación lluviosa, que dura desde mayo hasta noviembre, es un poco más corta que en el Departamento del Petén. Las altas mesetas y valles no están tan densamente pobladas de bosque como las tierras bajas. Hay grandes praderas descampadas por todas partes, y las faldas de las montañas se cubren de una variedad de árboles de perenne verdura: abetos, pinos pinabetes, cipreses, y algunos árboles de hojas caedizas, como el encino y el aguacate. Los bosques propiamente dichos desaparecen a una altura de más o menos 3 000 metros, aunque las coníferas corpulentas y otros árboles crecen a niveles todavía más elevados. Arriba de los 3 000 metros no se cultiva la tierra, pero hay extensas llanuras de buenos pastos donde pacen ovejas y cabras.

Hay dos grandes lagos en las tierras altas: el lago de Amatitlán, cerca de la ciudad de Guatemala, y el lago de Atitlán en el Departamento de Sololá. Este último, con sus aguas de zafiro purísimo, rodeado de enhiestas montañas de origen volcánico, bajo un cielo azul profundo, y bañado por la dorada luz del sol de los Altos de Guatemala, bien puede compararse, en interés y belleza, a cualquiera de los lagos suizos e italianos.

Por último, al abrigo del borde interior del brazo derecho de esta media luna montañosa se encuentra, en el Departamento de Izabal, el gran lago de Izabal, de 50 kilómetros de largo por 12 de ancho, unido al Golfo de Honduras por el Golfete y el río Dulce, notables por su incomparable belleza. El río Dulce corre entre altos peñascos de piedra blanca caliza, cortados a pico, adornados de magníficos festones de lujuriante vegetación tropical, y desemboca en el Golfo de Honduras en el punto donde se levanta el pueblo moderno de Livingston, uno de los puertos de Guatemala.

La fauna de las tierras altas, mamíferos, aves y reptiles, si bien no es en modo alguno tan abundante como la del Departamento del Petén y del norte de Yucatán, abunda en jaguares, pumas, venados y mamíferos menores, mientras que el famoso quetzal, el ave nacional de Guatemala, uno de los más bellos pájaros del mundo, habita casi exclusivamente en los Altos de Guatemala y Honduras, y las montañas adyacentes de Chiapas, aunque también se encuentra, en menor cantidad, hacia el sur, hasta Panamá.

En alguna parte de esta misma región, en los valles elevados del occidente de Guatemala, probablemente tuvo su origen el maíz, el gran producto alimenticio de la antigua América, que ha de haber aparecido hacia el tercer milenio antes de nuestra era.

Las tierras bajas del Petén y valles circundantes,
mitad sur de la península de Yucatán

La cuenca interior del centro del Petén y los valles circundantes forman la segunda de las divisiones principales del territorio maya. La altura media de la sabana del centro del Petén, inmediatamente al sur de la cadena central de lagos, es de unos 150 metros sobre el nivel del mar, aunque las cadenas de cerros que se extienden en una dirección general este-oeste y encierran esta cuenca se levantan tal vez hasta los 300 metros. Esta cuenca mide cerca de 100 kilómetros de largo, de este a oeste, aunque no excede de los 30 en su mayor anchura. En la base de la cadena de cerros que forma el costado norte de la cuenca existe una serie de 13 a 14 lagos, varios de los cuales se unen entre sí en la estación de lluvias. El más grande de todos ellos es el lago de Petén-Itzá, cuyo antiguo nombre era Chaltuná, el cual está situado hacia el centro de la cuenca entre el este y el oeste. Este lago mide 30 kilómetros de largo por cinco en su mayor anchura.

Al sur de la cadena de cerros, en el costado meridional de la cuenca, se encuentra la sabana de forma irregular del centro del Petén, anteriormente mencionada. Ésta es una sabana natural; probablemente fue siempre campo abierto. Los árboles crecen en escaso número en esta llanura de pasto; el suelo está formado por una arcilla roja y apretada, impropia para el cultivo del maíz, lo cual, unido a la ausencia casi completa de vestigios de antiguas viviendas humanas, indica con toda probabilidad que las sabanas no estuvieron generalmente habitadas en la época antigua.

Los pocos arroyos que nacen en la sabana central se abren camino hacia el sur y oeste en dirección al río de la Pasión. Al oriente de esta sabana central, en el extremo sudeste del Petén y sur de Belice, se levantan las cimas recortadas de las Montañas Mayas, de origen volcánico relativamente reciente, cuyo punto más elevado, el Pico de Cockscomb, alcanza 1 128 metros. La angosta planicie costera que se dilata al este de las Montañas Mayas está regada por numerosos ríos de corta extensión que se dirigen al Mar Caribe. El mayor de todos, el río Sarstoon, forma parte de la actual frontera entre Belice y Guatemala.

Seis ríos de tamaño mediano tienen su origen en las sierras bajas del noroeste, norte y nordeste de la cuenca interior; los tres primeros, San Pedro Mártir, Candelaria y Mamantel, corren en una dirección general oeste y norte y desembocan en el Golfo de México, en la parte occidental de la península de Yucatán; el primero por el Usumacinta, los otros dos a través de la Laguna de Términos. Los tres restantes, río Hondo, Nuevo y de Belice o río Viejo, corren en general hacia el nordeste y desembocan en el Mar Caribe, en el costado oriental de la península.

Las colinas del norte de la cuenca central y los valles intermedios se dirigen generalmente hacia el este y oeste; las faldas meridionales de las primeras son escarpadas, mientras que las del norte descienden de manera casi imperceptible de cada cresta al cauce del próximo río. Tanto los cerros como los valles están cubiertos completamente de un espeso bosque tropical, una verdadera selva en la que crecen los árboles de caoba, chicozapote (cuya savia lechosa produce la goma de mascar o chicle, y su tronco las vigas que se usaban en el interior de los templos mayas), el árbol de hule, que produce la goma elástica, el cedro tropical, la ceiba o *yaxché* (el árbol sagrado de los antiguos mayas, que produce una especie de algodón, llamado *kapok*), el *amatl* o higuera de las ruinas (con cuya corteza hacían los mayas su papel, *hunn*), el ramón (cuyo fruto se comía en tiempos de escasez y cuyas hojas sirven de forraje), el aguacate, el pimentero, la palma de corozo, la palma-escoba y muchos otros cuyos nombres no tienen equivalente en castellano y cuya especie no es conocida en los climas del norte. La selva tiene una altura media de 30 a 40 metros, pero la maleza que crece debajo, salvo en los pantanos (*akalché*, en maya) que cubren de vez en cuando el suelo de los valles, es relativamente rala a causa de la densa sombra que producen los árboles más altos. Fue precisamente en los valles y en las faldas septentrionales de las montañas, donde existía el bosque alto, y no en las sabanas descubiertas y sembradas de pasto, donde los mayas construyeron sus ciudades de piedra.

Además del maíz, se cultivaban otras plantas comestibles, legumbres y frutas, frijol negro y rojo, dos clases de calabaza, *güisquil* o chayote, tomate, el fruto del ramón, cacao y variedad de tubérculos, camote o batata, jícama, yuca o cazabe y diversas clases de ñame. Cultivaban también otras plantas útiles, como el chile o pimiento, la vainilla y el pimiento de Tabasco para sazonar la comida; algodón, cacao, tabaco, fibras y calabazas, de las que hacían algunos de sus utensilios de cocina. La propia selva suministraba muchos materiales útiles: postes y junco para el armazón de las casas, hojas de palma para techar, resina del árbol de copal (*pom*, en maya) que quemaban en sus ceremonias religiosas; en una palabra, cuanto necesitaban para vivir.

La fauna es mucho más abundante en esta región que en las tierras altas del sur. Los bosques del Petén rebosan literalmente de jaguares, venados, corzos, pecaríes, dantas, las dos especies de monos de Guatemala, el saraguato, del tamaño de un mandril mediano, y el mico (*ateles*) de larga cola; y una legión de mamíferos más pequeños: armadillos, murciélagos, agutíes y otros roedores. Se ven volar sobre los árboles aves de brillante plumaje: loros, guacamayas, tucanes, garzas, colibríes y muchas aves de caza; el famoso pavo de monte (*Meleagris ocellata*), que no se encuentra en ninguna otra parte del mundo salvo en la península de Yucatán, y que es más semejante a un faisán que a un pavo; perdices y otros pavos silvestres, codornices, guacos o faisanes, "cojolites" o faisanes negros, palomas y correcaminos; buitres, gavilanes y águilas se ciernen majestuosamente por los aires, sin que falten las bandadas de avecillas menores. Hay muchas serpientes venenosas y no venenosas: el pitón, la serpiente cascabel de los trópicos, la justamente temida *nahuyaca* (cuatro narices) o *fer-de-lance*, el cantil y otras víboras igualmente mortíferas como el coral, y en los ríos y lagos el cocodrilo.

Pero lo que más abunda son los insectos, que constituyen una plaga nocturna y diurna: hormigas de todas clases, termites u hormigas blancas, abejorros, la abeja silvestre que produce la deliciosa miel del monte de la península de Yucatán (que los antiguos mayas usaban principalmente en lugar de azúcar), mariposas, jejenes, diminutos chupadores de sangre, pulgas, moscas de todas clases y tamaños, garrapatas, "coloradillas" e innumerables luciérnagas, tan brillantes que, poniendo una media docena en un vaso, dan suficiente luz para leer.

El clima del Petén es mucho más caliente que el de las tierras altas del sur y considerablemente más húmedo que el del norte de Yucatán. La estación de lluvias es mucho más larga y se extiende desde mayo hasta enero; y no es raro que llueva aun durante los llamados meses secos de febrero, marzo, abril y mayo. El índice de lluvia es elevado y va desde aproximadamente 1.83 metros en el norte hasta unos 3.80 metros en el sur, a medida que se llega cerca de la cordillera. El agua nunca se congela y los fríos "nortes" del invierno sólo hacen bajar frecuentemente la temperatura hasta 10° centígrados. Los meses más calientes son abril y mayo antes del principio de las lluvias; entonces sube la temperatura hasta más de 40° centígrados a la sombra.

Todo lo que los antiguos mayas podían desear se encuentra en esta región, una Jauja en que "la miel y la leche fluyen libremente". El clima era en extremo saludable. Se disponía de un extenso territorio que se adaptaba admirablemente al sistema maya de agricultura; una rica y variada fauna y flora suministraban alimento en profusión, abrigo, medicinas y otras materias útiles. La piedra caliza que se encontraba en el lugar era uno de los mejores materiales de construcción de toda la América precolombina, pues no sólo se podía extraer con facilidad usando los instrumentos de piedra y madera, únicos de que disponían los antiguos constructores mayas, sino que se endurece a la intemperie y, al quemarla, se convierte fácilmente en cal. Por último, en toda la zona se encuentran yacimientos de cascajo calizo ordinario (*zahcab* en maya), del cual se hace una especie de mezcla de cal y cemento. En resumen, los tres elementos esenciales para una arquitectura primitiva, pero duradera, a base de piedra y mezcla, estaban a la mano: material de construcción fácil de trabajar, cal y grava para fabricar la mezcla.

Este conjunto favorable de factores naturales, unido al ingenio innato de los antiguos mayas, dio por resultado el nacimiento de su civilización, en lo que actualmente constituye la sección norte y central del Departamento del Petén, Guatemala, durante el siglo IV de nuestra era.

Las obras más antiguas de arquitectura de piedra, con sus monumentos esculpidos del mismo material, se encuentran en la ciudad de Uaxactún, a unos 60 kilómetros al norte de la ribera oriental del lago Petén-Itzá.

Las fechas más antiguas de la escritura jeroglífica actualmente conocidas que se leen en estos monumentos se remontan a los primeros 25 años del siglo IV de nuestra era.

Tomando esta sección norte y central del Petén como su centro de distribución, la cultura maya se extendió durante los dos siglos siguientes hacia el norte, este, sur y oeste, hasta cubrir toda la península de Yucatán, los valles adyacentes y las faldas septentrionales de la cordillera hacia el sur. Así se formó el Viejo Imperio Maya, que alcanzó su más brillante florecimiento, su edad de oro, en las ciudades de Palenque, Piedras Negras y Yaxchilán en el valle del Usumacinta, al occidente del Departamento del Petén, y en el extremo sudeste en Copán y Quiriguá durante el siglo VIII de nuestra era.

La planicie baja y cubierta de arbustos y maleza
de la mitad norte de la península de Yucatán

El bosque alto del Petén se convierte casi imperceptiblemente en el monte bajo y denso de la mitad norte de la península. A medida que se camina del sur hacia el norte, los árboles se vuelven más bajos, los gigantescos árboles de caoba, chicozapote, cedro tropical y ceiba, ceden gradualmente el paso a los árboles más pequeños y a los arbustos y matas, mucho más apretados y espinosos.

El palmito crece en abundancia a lo largo de la costa oriental de la península, y a cierta distancia adentro de la costa se extiende longitudinalmente, como un dedo índice, la alta selva tropical del sur, poblada de árboles de caoba, cedro y chicozapote y otras maderas finas. Esta prolongación de la alta selva se extiende considerablemente hacia el ángulo nordeste de Yucatán.

La mitad norte de la península es baja y llana, el humus forma una capa muy superficial, corrientemente de unos pocos centímetros de profundidad, al contrario del suelo del Petén, que es mucho más hondo y alcanza de 60 centímetros a un metro de espesor. Por todas partes se ven extensos asomos del calcáreo nativo (terciario y reciente). El agua es muy poco frecuente en la superficie y hay pocos lagos y ríos.

Partiendo de Champotón en la costa occidental de la península, se extiende una cadena baja de cerros, que no pasa de 100 metros de altura, y que corre paralela a la costa hacia el norte hasta la ciudad de Campeche, se dirige después hacia el nordeste al pueblo de Maxcanú y torciendo hacia el sudeste se prolonga más allá de Tzuccacab en el centro y norte de Yucatán. Vista desde el aire, esta cadena de cerros de altura uniforme parece una línea antigua del litoral. Estos cerros, en otra parte, serían insignificantes, pero surgiendo aquí de una planicie baja y lisa, de seis u ocho metros sobre el nivel del mar, producen el efecto de una elevación considerable, mucho mayor que el que su verdadera altura justifica. Localmente son conocidos con el nombre de "la serranía".

Existen en la región algunos lagos y ríos que no son más que pequeños arroyos. El depósito más grande de agua, en la mitad norte de la península, es el lago Bacalar, en el sudeste de Quintana Roo, que mide 50 kilómetros de largo por sólo 10 o 12 de ancho en su mayor amplitud. Varios otros lagos pequeños —Chichankanab y Payeguá— se encuentran en la parte central y norte, y cinco todavía más pequeños en Cobá, en la parte noreste de la península. Existen tres pequeños ríos: el Champotón, en la costa del oeste, el Lagartos en la costa del norte y el Xelhá en la costa oriental; todos son insignificantes, angostos brazos de mar de poca profundidad.

Hay dos grandes bahías en la costa oriental, la de la Ascensión y la del Espíritu Santo, ambas relativamente de poco fondo, especialmente la última. A medida que uno se acerca a la frontera de Guatemala en el sur de Campeche y Quintana Roo, los pantanos son cada vez más frecuentes, aunque se consumen casi por completo en los meses secos de primavera. Las cordilleras que corren de este a oeste se vuelven gradualmente más altas al dirigirse al sur hasta que llegan a elevaciones de 300 metros o más en el norte del Petén.

Como se habrá observado por lo que precede, la mitad norte de la península es extraordinariamente seca; en realidad la única agua superficial, exceptuando los pocos lagos y pequeños arroyos salobres próximos a la costa que quedan mencionados, es la que suministran los *cenotes*, o grandes pozos naturales. Éstos, afortunadamente, son numerosos, especialmente en el extremo norte. Los cenotes son cavidades de formación natural producidos por el hundimiento del suelo calizo que deja al descubierto la capa de agua subterránea que se encuentra en todas partes en el norte de la península. Algunos de estos pozos naturales tienen 60 metros o más de diámetro, y su profundidad varía según el espesor de los estratos calizos que forman el terreno en que están situados. Cerca de la costa norte esta capa de agua subterránea se halla a menos de cinco metros bajo el nivel del suelo, pero a medida que se avanza hacia el sur la profundidad de los cenotes aumenta hasta más de 30 metros.

En una región tan desprovista de agua superficial como es el norte de Yucatán, estos cenotes eran el factor determinante del asiento de los antiguos centros de población. Donde había un cenote inevitablemente prosperaba un centro de población. En tiempos pasados eran la fuente principal de abastecimiento de agua, de la misma manera que lo son en la actualidad. Eran como los oasis del desierto y, en una palabra, constituían el factor decisivo que influía en la distribución de la población antigua del norte de Yucatán.

Como se ha anotado, las características físicas de la mitad sur y la mitad norte de la península de Yucatán se unen entre sí de manera imperceptible, sin ninguna solución violenta de continuidad en la fauna o en la flora. La alta selva tropical del sur cede el paso gradualmente a los árboles más bajos y a la maleza impenetrable del norte. La mayor parte de la flora, las plantas útiles, las frutas y árboles característicos de la mitad sur de la península se encuentran también en el norte, salvo pocas excepciones, y lo mismo ocurre con los mamíferos, aves y reptiles. Sin embargo, los monos desaparecen en el extremo norte, así como algunas aves y la mayor parte de las serpientes venenosas.

Definición del término civilización maya[3]

El término *civilización maya* usado en este libro se aplica exclusivamente a aquella antigua cultura americana que tenía como sus dos manifestaciones principales una es-

---

[3] Sylvanus Morley, 1947, pp. 53-54.

critura jeroglífica y una cronología únicas en su género y, en lo que a la América del Norte se refiere, una arquitectura de piedra también única en su clase, que incluía el uso de los techos en forma de bóveda de piedra saledíza (arco falso).

Dondequiera que estos dos rasgos culturales se encuentran juntos en la región centroamericana, es decir, en el sur de México y norte de la América Central (y en esta región prácticamente nunca se presentan separados), floreció la civilización maya que hemos definido.

A la inversa, cualquier región en donde no se encuentren estos rasgos, aunque la lengua que hablen los habitantes sea uno u otro de los varios dialectos mayas, no se considera aquí como parte integrante del área de cultura maya.

Descripción de Yucatán.
Variedad de las estaciones[4]

Que Yucatán no es isla ni punta que entra en el mar como algunos pensaron, sino tierra firme, y que se engañaron por la punta de Cotoch que hace el mar entrando por la bahía de la Ascensión hacia Golfo Dulce, y por la punta que por otra parte, hacia México, hace la Desconocida antes de llegar a Campeche, o por el extendimiento de las lagunas que hace el mar entrando por Puerto Real y Dos Bocas.

Que es tierra muy llana y limpia de sierras, y que por esto no se descubre desde los navíos [sino] hasta muy cerca [de la costa], salvo entre Campeche y Champotón

[4] Diego de Landa, 1938, pp. 53-56.

donde se miran unas serrezetas y un Morro de ellas que llaman de los diablos.

Que viniendo de Veracruz por parte de la punta de Catoche [Yucatán] está en menos de 20 grados, y por la boca de Puerto Real en más de 23, y que bien tiene de un cabo al otro 130 leguas de largo [en] camino derecho.

Que su costa es baja, y por esto los navíos grandes van algo apartados de tierra.

Que la costa es muy sucia y está llena de peñas y pizarrales ásperos que gastan mucho los cables de los navíos, y que tiene mucha lama, por lo cual aunque los navíos zozobren en la costa, se pierde poca gente.

Que es tan grande la menguante del mar, en especial en la bahía de Campeche, que muchas veces queda media legua en seco por algunas partes.

Que con estas grandes menguantes se quedan en el légamo, y lamas y charcos, muchos pescados pequeños de que se mantiene mucha gente.

Que atraviesa a Yucatán de esquina a esquina una sierra pequeña que comienza cerca de Champotón y va hasta la villa de Salamanca, que es el cornijal contrario al de Champotón.

Que esta sierra divide a Yucatán en dos partes, y que la parte de mediodía, hacia Lacandón y Taiza, está despoblada por falta de agua, que no la hay sino cuando llueve. La otra que es al norte, está poblada.

Que esta tierra es muy caliente y el sol quema mucho aunque no faltan aires frescos como brisa o solano que allí reina mucho, y por las tardes la virazón de la mar.

Que en esta tierra vive mucho la gente, y que se ha hallado hombre de 140 años.

Que comienza el invierno desde San Francisco y dura

hasta fines de marzo, porque en este tiempo corren los nortes y causan catarros recios y calenturas por estar la gente mal vestida.

Que por fines de enero y febrero hay un veranillo de recios soles y no llueve en este tiempo sino a las entradas de las lunas.

Que las aguas comienzan desde abril y duran hasta septiembre, y que en este tiempo siembran todas sus cosas y vienen a maduración aunque siempre llueva; y que siembran cierto género de maíz por San Francisco que se coge brevemente.

Características mentales de los mayas[5]

Como un resumen de los resultados de esta parte de nuestro enfoque para verificar las características mentales de los mayas, podemos afirmar que prácticamente en cada caso el rendimiento de los mayas fue más bajo que el de los blancos, a quienes se les aplicaron pruebas en gran parte estandarizadas.

Deseo insistir en que los resultados deben ser interpretados a la luz de muchas de las dificultades encontradas al aplicar las pruebas a los mayas. Si, a pesar de estas dificultades, la conclusión demuestra que la inteligencia de los indios suele ser inferior a la de los blancos, en general nuestros resultados concuerdan con los de otros investigadores que han estudiado la inteligencia entre los indios americanos. Sin embargo, creo que los resultados más bajos de los mayas se deben a las inadecuadas prue-

[5] Morris Sttegerda, 1941, p. 84.

bas para medir la capacidad mental de las razas, aunque sigo creyendo que existen algunas diferencias mentales.

Los arqueólogos han demostrado que los antiguos mayas estaban muy adelantados en matemáticas, astronomía y arquitectura; tal vez también en agricultura, cerámica y tejido. Los mayas de la actualidad prácticamente no saben nada de estas artes y ciencias; tan sólo tienen muchas creencias extrañas y supersticiones relacionadas con los cuerpos celestes, los vientos, los árboles y las antiguas ruinas.

A modo de conclusiones[6]

La escasez y el mal estado de conservación del material óseo precolombino disponible, así como la diversidad de técnicas para la obtención de los datos somatométricos y su elaboración estadística, debido sobre todo a la multiplicidad de investigadores a través de más de medio siglo, han sido repetidamente señaladas en el presente ensayo. Pero conviene recordarlo ahora, ya que ello justifica en gran parte nuestra cautela al dar carácter provisional y tentativo a las siguientes conclusiones:

La osteometría de la región maya muestra evidente heterogeneidad, especialmente en el cráneo: los índices de altura, el facial, el nasal y el orbitario son buena prueba de ello; incluso de braquicefalia, considerada como típica de la región, tiene excepciones en los ejemplares dolicocráneos y mesocráneos citados en su oportunidad. Los trabajos de Gann, Hooton, Hrdlicka, Otis, Ricketson y Stewart son testimonios de esta aseveración.

[6] Juan Comas, 1966, pp. 30-31.

La estatura de la población maya precolombina, obtenida por el cálculo a base de huesos largos, es un punto que debe revisarse cuidadosamente, recurriendo a fórmulas más adecuadas que las de Pearson y Manouvrier empleadas hasta ahora.

Las medidas e índices somatométricos, sobre todo los cefálicos, confirman la heterogeneidad a que se hace referencia en el párrafo anterior.

La braquisquelia no parece ser, como se ha dicho repetidamente, un carácter homogéneo, diferencial y peculiar de los mayas; hemos visto que solamente nueve entre 16 tienen índice braquisquélico, siendo mesatisquelos los siete grupos restantes.

En cambio, el índice braza-talla se presenta uniforme, haciendo de los pueblos de habla "maya" un grupo de "brazos largos en relación con la estatura".

La talla en el vivo queda, para todas las series disponibles, incluida en el grupo de "talla pequeña"; sería sin embargo muy conveniente efectuar nuevos estudios al respecto con el fin de ver si en realidad se confirma la diferencia media dc hasta seis centímetros observada entre unas y otras series del sexo masculino, y en caso afirmativo encontrar una explicación causal de la misma.

La serología ha mostrado una evidente y reiterada variabilidad que Matson *et al.* atribuyen al mestizaje con grupos no mayas.

La investigación dermatoglífica da ocasión a Newman para establecer relaciones genéticas entre algunos grupos (kanjobal, tzeltal y tzotzil) frente a otros que a su vez se asemejan entre sí, pero tales relaciones biológicas no concuerdan con las que Matson encuentra desde el punto de vista de los antígenos de la sangre.

Todo ello parece apoyar, en el estado actual de nuestro conocimiento, el criterio de inexistencia de un único tipo somático, con caracteres definibles, representativo de los pueblos de la familia lingüística maya, que hubiere habitado la región desde 25 siglos antes de nuestra era. Más bien estamos ante distintos grupos humanos, quizás (?) procedentes de un común *stock* inicial, y por tanto más o menos emparentados genéticamente, pero con diferencias muy señaladas que sugieren ser fruto de mestizaje con grupos no mayas que en distintas épocas invadieron la región.

Cabe también, siquiera en forma parcial, explicar esta diferenciación biológica por deriva genética, endogamia e incluso incesto, junto con la siempre actuante selección adaptativa de mutaciones previas, en poblaciones de reducido grandor.

Podríamos —utilizando la terminología de Garn— hablar quizás en estos casos de un proceso de formación polimórfica de micro-razas. Tal pudiera ser el caso de los lacandones.

Nos inclinamos, pues, a pensar que a la hipótesis de genética unitaria con que trata E. Z. Vogt de caracterizar a los pueblos de civilización maya le falta base objetiva, por lo menos para uno de los tres caracteres con que lo define (tipo físico común).

Más apegada a la realidad sería la posición de A. Ruz al decir que ello "no pasa de ser una especulación por ahora no demostrada".

Resultados clasificatorios actuales[7]

A pesar de las deficiencias en los materiales lingüísticos mayanos actualmente disponibles y las limitaciones inherentes en los métodos de clasificación empleados hasta ahora, se manifiesta, no obstante, una clara convergencia en los resultados hasta la fecha obtenidos. Debe ser posible formular esta convergencia como una hipótesis provisional, sujeta a la revisión posterior conforme vayan mejorándose los materiales y los métodos, y al reforzamiento o debilitamiento desde el exterior conforme vayan pareciendo confirmarlo o refutarlo los datos extralingüísticos. Aquí intentaré delinear esa hipótesis provisional, y lo haré, sin disculpa, en el modo indicativo.

Hace no más de 46 siglos, es decir, aproximadamente en el año 2600 antes de nuestra era, un grupo pequeño de indios americanos, los mayanos, en cuanto a su habla bastante uniforme, y que hablaba un idioma cuyos parientes relativamente cercanos (totonacos y mixeanos) se encontraban por otra parte en Mesoamérica, se asentó en las proximidades de los altos Cuchumatanes en la región noroccidental de lo que llamamos actualmente los Altos de Guatemala. Transcurridos unos 800 años, alrededor del año 1800 antes de nuestra era, una porción pequeña de este grupo original, los huastecos, se separaron de entre los aguacatecos y los uspantecos y emigraron hacia el norte y el oeste (¿tal vez de regreso a las altitudes más bajas y más cálidas de donde había emigrado anteriormente el grupo entero?). Este grupo, sin embargo, no fue lejos, sino que se asentó en las tierras bajas inme-

[7] Norman McQuown, 1971, pp. 69-72.

diatamente al norte, en donde se les unió, pasados unos 200 años, otra pequeña porción del grupo original, los yucatecos, quienes se separaron de entre los uspantecos y los pokonchíes.

Los yucatecos, nuevos vecinos de los huastecos ya alrededor de 1400 antes de nuestra era, se habían separado en dos grupos, uno principal que posteriormente se trasladó hacia el norte y más tarde hacia el oriente (para poblar eventualmente el Petén y la península de Yucatán), y otro pequeño, los lacandones, que se fue a vivir en la selva y rompió contacto con los huastecos unos 200 años antes de que hicieran lo mismo los yucatecos. Los huastecos mismos, aproximadamente en 1200 antes de nuestra era, rompieron su contacto con los yucatecos, manteniendo abiertas estos últimos sus líneas de comunicación con sus hermanos lacandones, y no habiendo perdido del todo todavía ninguno de estos tres sus contactos con sus parientes en los Altos. Pasados otros 300 años, aproximadamente en 900 antes de nuestra era, los chontalanos, separándose de la vecindad de los uspantecos, se unieron con los yucatecos y los lacandones y vivieron en contacto bastante estrecho con éstos durante un milenio o más. El contacto yucateco con el chol era algo más íntimo que con el chontal, su vecino norteño, o con el chortí, su vecino sureño. Un poco más tarde, aproximadamente en 750 antes de nuestra era, los tzeltalanos, separándose de entre el jacalteco y el ixil, siguieron a los chontales, se trasladaron hacia el norte, y establecieron un contacto algo más estrecho con el chontalano que con el lacandón-yucateco. El tojolabal se trasladó hacia el norte enseguida, desde un punto a medio camino entre el jacalteco y el motocintleco, aproximadamente en 400 antes de nuestra era, y estableció relaciones algo más estrechas con el chontalano que con el tzeltalano, pero relaciones más estrechas con estos dos que con el yucatecano, aunque todos siguieron viviendo en una proximidad bastante cercana uno del otro en las tierras bajas frente a las laderas norteñas de los Cuchumatanes. El chuj se apartó luego, de entre el jacalteco y el motocintleco, por un lado, y el ixil y el aguacateco por el otro, y de una asociación bastante estrecha con el pokonchí y el usupanteco, aproximadamente en 200 antes de nuestra era, pero no rompió enteramente sus contactos con sus vecinos, particularmente con el tojolabal, del que no comenzó su divergencia sino hasta entre 800 y 900 años más tarde. Con sus demás vecinos del norte, la intimidad se rompió en diversas épocas en un periodo entre 200 años antes y 200 años después de nuestra era. En el sur, el chuj mantenía intercomunicaciones estrechas con el jacalteco y con el motocintleco hasta cerca del año 500 de nuestra era.

Aproximadamente en el año 200 antes de nuestra era, los idiomas quicheanos (exceptuándose el uspanteco) empezaron igualmente a distanciarse de entre el aguacateco y motocintleco. El mame y el chuj se encuentran casi equidistantes del quicheano, habiendo empezado su divergencia tajante alrededor de 200 años antes de nuestra era. El jacalteco y el motocintleco se encuentran a menor distancia del quicheano, habiendo empezado sus divergencias tan sólo alrededor del año 150 de nuestra era. Un poco más tarde que el quicheano, los idiomas kekchianos empezaron a trasladarse de entre el aguacateco y el ixil, aproximadamente en el año 100 antes de nuestra era. El pokonchí, entre los tres idiomas de esta subfamilia, tardaba más en alcanzar su distancia manifiesta. El mame está algo más cercano al chuj que al kekchiano, y al mismo chuj se acercan más aún el jacalteco y el motocintleco. Dentro del quicheano, el uspanteco no se alejó tajantemente del mame sino hasta alrededor del año 700 de nuestra era, casi 1 000 años más tarde que la fecha en que empezó la divergencia del grupo entero. El motocintleco se encuentra más cercano al uspanteco (con una separación de tan sólo 1 000 años) que cualquier otro idioma fuera del grupo quicheano. El aguacateco y el ixil se encuentran casi igualmente cercanos al uspanteco. El pokonchí, dentro del kekchiano, está tan próximo al uspanteco, dentro del quicheano, como lo está del pokomán, dentro de su propio grupo. Está más cerca del cakchiquel que del kekchí, e igualmente cerca del rabinal y del quiché. Aunque el quicheano en cuanto a sus relaciones internas es un grupo más compacto, en vista de que no comenzó a diferenciarse notablemente hasta cerca del año 1200 de nuestra era, mientras que la diferenciación del kekchiano empezó casi un milenio antes, los dos grupos como totalidades se encuentran más cercanos uno del otro que cualquiera de los dos del mameano (exceptuándose una relación especial del uspanteco, por un lado, y del pokonchí, por el otro, con el mameano). Parecería que el kekchiano se trasladó hacia el oriente y hacia el norte, el quicheano hacia el oriente y hacia el sur, yendo a la zaga del primero el pokonchiano, por una parte, y del segundo el uspanteco, por otra. Más remotos, dentro de cada una de las subfamilias que poseen más de dos miembros, se encuentran el kekchí, el cakchiquel, el mame, el tzotzil y el chontal. Movimientos subsecuentes, para los que se ha producido cierta evidencia, fueron los siguientes: *1)* el del motocintleco cerca del año 1000 de nuestra era, que se trasladó del pie de los Cuchumatanes, donde se encontraba en contacto bastante estrecho con el pokonchí, el uspanteco, el rabinal y el ixil (todos éstos más cercanos al yucateco que lo están los demás idiomas mayanos de los Altos de Guatemala), a su situación última establecida en el sureste de Chiapas en las faldas septentrionales de la serranía del Pacífico; *2)* el del chicomucelteco, alrededor del año 1000 de nuestra era, que se trasladó de un contacto estrecho con el huasteco, se presupone que en la costa del Golfo de México, a la ribera sur del Grijalva (Río Grande) en el sureste de Chiapas; *3)* el del uspanteco, alrededor del año 900 de nuestra era, que se mudó hacia el oriente de una posición cercana al aguacateco, a su situación actual; *4)* el del pokonchí, aproximadamente en el año 900 de nuestra era, que migró hacia el oriente de la vecindad del uspanteco a su localidad actual; *5)* el del tzeltalano, aún sin diferenciación interna, aproximadamente en el año 400 de nuestra era, que se trasladó de una situación de contacto bastante estrecho con el chol y el chortí a los Altos de Chiapas, donde el tzotzil se separó en una fecha relativamente tardía, tal vez hasta el año 1300 de nuestra era, y el tzeltal, en relación más íntima con el tojolabal, disminuyó su distancia de éste; *6)* el del chortí, alrededor del año 900 de nuestra era, todavía en asociación bastante estrecha con el tzeltalano, con el yucateco y con el chuj (los que se encuentran fuera de su familia inmediata —el chontal y el chol—, y mostrando todavía huellas de una proximidad más grande al jacalteco, al motocintleco, al ixil, al uspanteco, al pokonchí, al rabinal y al cakchiquel), se mudó —el chortí— hacia el oriente y hacia el sur a su situación contemporánea en el lindero entre Guatemala y Honduras.

El trabajo, necesidad humana[8]

El proceso de la interacción de la naturaleza y la sociedad encuentra su expresión en el trabajo como fuente de acción del hombre sobre la naturaleza. La sociedad, para existir y desarrollarse, necesita de los bienes materiales creados fundamentalmente por el trabajo humano partiendo de los objetos de trabajo que ofrece la naturaleza: sin el trabajo humano es imposible el intercambio de sustancias entre los hombres y la naturaleza, es decir, es imposible la vida humana. Por esto, según expresión de Marx, el trabajo es "una necesidad natural eterna para el hombre" y el proceso del trabajo, que coloca al hombre cara a cara con la naturaleza y que crea de los objetos del trabajo de la naturaleza una nueva naturaleza (nuevos valores de consumo), es un "proceso eterno" de interacción de las fuerzas naturales internas del hombre, con las fuerzas externas del medio natural que lo rodea. Gracias a esta interacción las fuerzas humanas se acrecientan y se eleva su comprensión de la naturaleza, ya que el desarrollo de la actividad laboral del hombre, como forma fundamental de sus vínculos sociales, se amplía con cada paso de avance en la comprensión del hombre, dándole la posibilidad de descubrir en los objetos nuevas propiedades hasta entonces desconocidas.

[8] L. I. Gurvich, 1964, p. 9.

De este modo, el medio natural, como una de las condiciones constantes e indispensables de la vida material de la sociedad, influye indirectamente en el desarrollo de la sociedad a través de las fuerzas productivas y las relaciones de producción.

Las condiciones favorables o desfavorables del medio natural influyen en la producción, acelerando o haciendo más lento su proceso. Pero el proceso de la producción es determinado por la acción de las leyes económicas que rigen las relaciones socioproductivas y que manifiestan su vinculación causal y condicionalidad internas.[9]

La metodología del análisis del papel de los factores naturales en el desarrollo de la sociedad fue ofrecida por Marx en la tesis siguiente: "La sociedad debe figurar constantemente en nuestras concepciones como una premisa". Esto significa que el investigador del papel que desempeña el medio natural debe ver, tras las propiedades de los objetos y fuerzas de la naturaleza sobre los cuales actúa el hombre, las relaciones sociales entre los hombres que utilizan estos objetos de la naturaleza para la producción de bienes materiales: no puede haber relaciones del hombre con la naturaleza, sin antes haberla establecido entre ellos mismos.[10]

En las etapas superiores del desarrollo de la sociedad, cuando los instrumentos de trabajo se transforman de instrumentos auxiliares para la obtención de los alimentos asequibles de la naturaleza en base material de la

[9] L. I. Gurvich, 1964, p. 28.
[10] L. I. Gurvich, 1964, p. 49.

producción del hombre, y el centro de gravedad de la lucha con la naturaleza se desplaza de la estructura física del hombre a la estructura de sus instrumentos de trabajo, las "riquezas naturales de medios de trabajo": los bosques, minerales, carbón, los ríos navegables, los saltos de agua, etc., adquieren una significación decisiva.

Debido a esto, los hombres pueden utilizar no sólo los productos ofrecidos por la naturaleza en forma más o menos acabada, sino también obligar a la naturaleza a crear lo que sin su intervención no haría jamás. Al mismo tiempo, la impotencia del hombre ante la naturaleza en los estadios inferiores del desarrollo de la sociedad, cuando utilizaba las riquezas naturales como medios de vida, se transforma en el dominio humano sobre la naturaleza en los estadios superiores del desarrollo de la sociedad, gracias a la utilización de las riquezas naturales como medios de trabajo.[11]

Producción de la tierra[12]

Yucatán es una tierra, la de menos tierra que yo he visto, porque toda ella es una viva laja, y tiene a maravilla poca tierra, tanto que habrá pocas partes donde se pueda cavar un estado sin dar en grandes bancos de lajas muy grandes. La piedra no es muy buena para labores delicadas porque es dura y tosca; empero, tal cual es, ha sido para que de ella hayan hecho la muchedumbre de edificios que en aquella tierra hay; es muy buena para cal, de

[11] L. I. Gurvich, 1964, pp. 51-52.
[12] Diego de Landa, 1938, pp. 224-226.

que hay mucha, y es cosa maravillosa que sea tanta la fertilidad de esta tierra sobre las piedras y entre ellas.

Todo lo que en ella hay y se da, se da mejor y más abundantemente entre las piedras que en la tierra, porque sobre la tierra que acierta a haber en algunas partes ni se dan árboles ni los hay, ni los indios en ella siembran sus simientes, ni hay sino yerbas, y entre las piedras y sobre ellas siembran y se dan todas sus semillas y se crían todos los árboles, y algunos tan grandes y hermosos que maravilla son de ver; la causa de esto creo que es haber más humedad y conservarse más en las piedras que en la tierra.

En esta tierra no se ha hallado hasta ahora ningún género de metal que ella de suyo tenga, y espanta [que] no habiendo con qué, se hayan labrado tantos edificios porque no dan los indios razón de las herramientas con que se labraron; pero ya que les faltaron metales, proveyólos Dios de una sierra de [puro] pedernal contigua a la sierra que según dije en el primer capítulo, atraviesa la tierra y de la cual sacaron piedras de que hacían los hierros de las lanzas para la guerra y los navajones para los sacrificios (de los cuales tenían buen recaudo los sacerdotes); hacían los hierros para las saetas y aún los hacen, y así les servía el pedernal de metal. Tenían cierto azófar blanco con alguna poca mezcla de oro, de que hacían las hachuelas de fundición y unos cascabelazos con que bailaban, y una cierta manera de escoplillos con que hacían los ídolos y agujeraban las cerbatanas como esta figura del margen, que mucho usan la cerbatana y bien la tiran. Este azófar y otras planchas o láminas más duras, las traían a rescatar los de Tabasco por las cosas [de Yucatán, que eran] para los ídolos, y no había entre ellos algún otro género de metal.

Según el sabio, una de las cosas a la vida del hombre más necesaria es el agua, y es tanto que sin ella ni la tierra produce sus frutos ni los hombres se pueden sustentar, y con haber faltado en Yucatán la abundancia de ríos que sus tierras vecinas tienen en mucha abundancia, porque sólo dos tienen, y el uno es el río de Lagartos que sale por un cabo de la tierra a la mar, y el otro el de Champotón, ambos salobres y de malas aguas, la proveyó Dios de muchas y muy lindas aguas, unas por industria y otras proveídas de naturaleza.

La naturaleza obró en esta tierra tan diferentemente en lo de los ríos y fuentes, que los ríos y las fuentes que en todo el mundo corren sobre la tierra, en ésta van y corren todos por sus meatos secretos por debajo de ella. Lo cual nos ha enseñado que casi toda la costa está llena de fuentes de agua dulce que nacen dentro en la mar y se puede de ellas, en muchas partes, coger agua (como me ha acaecido a mí) cuando de la menguante de la agua queda la orilla algo seca. En la tierra proveyó Dios de unas quebradas que los indios llaman *zenotes*, que llegan de peña tajada hasta el agua, en algunos de los cuales hay muy furiosas corrientes y acaece llevarse el ganado que cae en ellos y todas estas [corrientes] salen a la mar de que se hacen las fuentes dichas.

Peces de Yucatán[13]

No hay sólo pescado en la laguna, pero es tanta la abundancia que en la costa hay, que casi no curan los indios

[13] Diego de Landa, 1938, p. 228.

de lo de la laguna, si no son los que no tienen aparejos de redes, que éstos suelen, con la flecha, como hay poca agua, matar muchos pescados; los demás hacen sus muy grandes pesquerías de que comen y venden pescado a toda la tierra.

Acostúmbranlo salar y asar y secar al sol sin sal, y tienen su cuenta cual de estos beneficios ha menester cada género de pescado, y lo asado se conserva [varios] días, que se lleva a veinte y treinta leguas a vender, y para comerlo tórnanlo a guisar, y es sabroso y sano.

Iguanas y lagartos[14]

Demás de los pescados cuya morada son las aguas, hay algunas cosas que juntamente se sirven y viven en el agua y en tierra como son muchas iguanas, las cuales son como lagartos de España en la hechura y grandeza y en el color, aunque no son tan verdes; éstas ponen huevos en mucha cantidad y andan siempre cerca de la mar y de donde hay aguas, indiferentemente se guarecen en el agua y en la tierra, por lo cual las comen los españoles en tiempos de ayuno y la hallan muy singular comida y sana. Hay de éstas tantas que ayudan a todos por la cuaresma; péscanlas los indios con lazos, encaramadas en los árboles y en agujeros de ellos, y es cosa increíble lo que sufren el hambre, que acaece estar vivas, después de tomadas, veinte y treinta días sin comer bocado y sin enflaquecer; y he oído que hay experiencia hecha, que si les frotan las barrigas con arena engordan mucho. El es-

[14] Diego de Landa, 1938, pp. 231-232.

tiércol de éstas es admirable medicina para curar nubes de los ojos, puesto fresco en ellas.

Hay tortugas a maravilla grandes, que las hay muy mayores que grandes rodelas y son de buen comer y tienen harto qué; ponen los huevos tan grandes como de gallina, y ponen ciento cincuenta y doscientos, haciendo en la arena, fuera del agua, un gran hoyo y cubriéndolo después con la arena y allí salen las tortuguillas. Hay otras diferencias de tortugas en la tierra, por los montes secos y en las lagunas.

De las abejas y su miel y cera[15]

Hay dos castas de abejas y ambas son muy más pequeñas que las nuestras. Las mayores de ellas crían en colmenas, las cuales son muy chicas; no hacen panal como las nuestras sino ciertas vejiguitas como nueces de cera, todas juntos unas a otras, llenas de la miel. Para castrarlas no hacen más que abrir la colmena y reventar con un palito estas vejiguitas y así corre la miel y sacan la cera cuando les parece. Las demás crían en los montes, en concavidades de árboles y de piedras, y allí les buscan la cera de la cual y de miel abunda esta tierra mucho, y la miel es muy buena salvo que como es mucha la fertilidad del pasto de las abejas sale algo tocada del agua y es menester darle un hervor al fuego y con dárselo queda muy buena y de mucha duración. La cera es buena salvo que es muy humosa y nunca se ha acertado cuál sea la causa, y en unas provincias es muy más amarilla por razón de

[15] Diego de Landa, 1938, p. 235.

las flores. No pican estas abejas ni hacen [nada] cuando las castran mal.

Granos y semillas[16]

Las simientes que para la humana sustentación tienen, son: muy buen maíz y de muchas diferencias y colores, de lo cual cogen mucho y hacen trojes y guardan en silos para los años estériles. Hay dos castas de habas pequeñas, las unas negras y las otras de diversos colores, y otra que han llevado los españoles, blanquillas y pequeñas. Hay de su pimienta; muchas diferencias de calabazas, algunas de las cuales son para sacar pepitas para hacer guisados, otras para comer asadas y cocidas y otras para vasos de sus servicios; tienen ya melones, y muy buenos, y calabazas de España; los hemos puesto a coger mijo, que es buen mantenimiento; tienen una fruta a maravilla fresca y sabrosa que se siembra y la fruta es la raíz que nace como nabo gordo y redondo; cómense crudas con sal [jícama]; la otra raíz que nace debajo de tierra sembrándola, que es grande mantenimiento, y es de muchas diferencias, que hay moradas, amarillas y blancas, cómense cocidas y asadas y son buena comida, y tiran algo a castañas, y ayudan, asadas, a beber [macal]. Hay otros dos géneros de raíces buenas y son mantenimiento de los indios. Otras dos raíces silvestres hay que se parecen algo a las dos que primero he dicho, y ayudan en tiempos de necesidad de hambre a los indios, que sin ella no curan de ellas. Tienen un arbolillo de blandas ramas y que tiene mucha leche, las hojas del cual se comen gui-

[16] Diego de Landa, 1938, pp. 239-240.

sadas, y son como berzas de comer y buenas con mucho tocino gordo [chaya].[17] Plántanlo los indios luego do quiera que van a morar, y en todo el año tiene hoja que cogerle. Hay muy frescas achicorias, y criábanlas en las heredades aunque no las saben comer.

Otros animales de Yucatán[18]

De muchos animales han carecido los indios; y especialmente han carecido de los que más necesarios son para el servicio del hombre; pero tenían otros de los más, de los cuales se aprovechaban para su mantenimiento, y ninguno de ellos era doméstico salvo los perros, los cuales no saben ladrar ni hacer mal a los hombres, y a la caza sí, que encaraman las codornices y otras aves y siguen mucho [a] los venados y algunos son grandes rastreadores. Son pequeños y comíanlos los indios por fiesta, y yo creo se afrentan y tienen [hoy] por poquedad comerlos. Dicen que tenían muy buen sabor.

Hay dantas en sólo un cornijal de la tierra que está detrás de las sierras de Campeche; y hay muchas, y hánme dicho los indios que son de muchos colores, que hay rucias y oberas, bayas y castañas, y muy blancas y negras. Andan más en este pedazo de tierra que en toda ella, porque es animal muy amigo de[l] agua y hay por allí muchas lagunas de aquellos montes y sierras. Es animal del tamaño de medianas mulas, muy ligero y tiene zapata hendida como el buey, y una trompilla en el hoci-

---

[17] Traducción por Héctor Pérez Martínez.
[18] Diego de Landa, 1938, pp. 251-252.

124

co en que guarda agua. Tenían los indios por gran valentía matarlas y duraba para memoria del pellejo, o partes de él hasta los biznietos, como lo ví yo; llámanla *Tzimin* [tapir] y por ellas han puesto nombre a los caballos.

Hay leoncillos y tigres, y mátanlos los indios con el arco, encaramados en los árboles. Hay un cierto género de osos o quier [*sic*] que es a maravilla amigo de castrar colmenas. Es pardo con unas manchas negras y largo de cuerpo y corto de piernas y cabeciredondo.

Hay cierta casta de cabrillas monteses, pequeñas y muy ligeras y hosquillas de color. Hay puercos, animales pequeños y muy diferentes de los nuestros, que tienen el ombligo en el lomo y hieden mucho. Hay muchos venados que es maravilla, y son pequeños y la carne de buen comer. Conejos hay infinitos en todo semejantes a los nuestros, salvo el hocico que lo tienen largo y no nada romo, sino como de carnero; son grandes y de muy buen comer. Hay un animalito tristísimo de su natural y anda siempre en las cavernas y escondrijos, y de noche; y para cazarlo le arman los indios cierta trampa y en ella le cogen; es semejante a la liebre y anda a saltos y encogido. Tiene los dientes delanteros muy largos y delgados, la colilla aun menor que la liebre y el color xeloso [*sic*] *y* muy sombrío y es a maravilla manso y amable y llámase *Zub* [agutí manchado].[19]

Hay otro animalito pequeño, como un lechoncillo recién nacido, y así [tiene] las manezuelas y el hocico y [es] gran hozeador, el cual está todo cubierto de graciosas conchas que no parece sino caballo encubertado, con sólo las orejuelas y los pies y manos fuera, y su pescuezo

---

[19] Traducción por Héctor Pérez Martínez.

y testera cubiertos de conchas; es muy bueno de comer y tierno [armadillo].

Aves de la tierra y el mar[20]

La abundancia que tiene esta tierra de aves es a maravilla grande, y tan diversas, que es mucho de alabar al que de ellas las hinchió como de bendición. Tienen aves domésticas y que crían en las casas como son sus gallinas y gallos en mucha cantidad, aunque son penosos de criar. Hánse dado a criar aves de España, gallinas, y crían muchas a maravilla, y en todos los tiempos del año hay pollos de ellas. Crían algunas palomas mansas, de las nuestras, y [se] multiplican mucho. Crían para la pluma cierta casta de anadones blancos grandes, que creo les vinieron del Perú, y así les pelan muchas veces las barrigas, y quieren aquella pluma para las labores de sus ropas.

Tiempo de trabajo[21]

Sin embargo, si el agricultor maya y su mujer se contentan con prescindir de la mayor parte de estos artículos extras del comercio, y muchas familias la van pasando sin ellos, y si aquél mantiene únicamente unos cuantos cerdos y gallinas y no tiene caballos ni vacas, puede producir suficiente maíz para su familia y sus animales en sólo 76 días de trabajo, y si no tiene ningu-

[20] Diego de Landa, 1938, p. 247.
[21] Sylvanus Morley, 1947, pp. 178-179.

na clase de animales (como no los tenían sus antepasados del Viejo y del Nuevo Imperios), puede cosechar suficiente maíz para sí y para su familia en sólo 48 días. En resumen, tiene entre 293 y 317 días de cada año, de nueve y medio a 10 y medio meses, que puede dedicar a otras actividades independientes del cultivo de su alimento principal.

Éste era el tiempo sobrante, más o menos nueve o 10 meses, durante el cual se construyeron en las épocas del Viejo y del Nuevo Imperios las pirámides, los templos, palacios, columnatas, juegos de pelota, plataformas de baile, plazas y calzadas; éstos eran también los meses durante los cuales se levantaron en el periodo colonial español las iglesias imponentes, los grandes monasterios y otros edificios públicos, y durante los cuales se han desmontado, trazado y cultivado los extensos campos de henequén del norte de Yucatán. Teniendo tanto tiempo libre a su disposición, el indio maya, durante los últimos 2 000 años, ha sido explotado sucesivamente, primero por sus propios caciques y sacerdotes indígenas, luego por los colonizadores españoles tanto civiles como religiosos, y más recientemente por empresas particulares en los campos de henequén del norte de la península.

El sistema de roza[22]

Este sistema consiste en talar una sección del bosque en una época propicia para que la vegetación cortada seque a fin de quemarla. Después de la quema se siembra por

[22] Ángel Palerm y Eric Wolf, 1972, p. 66.

medio de espeque (palo o bastón plantador) y se efectúan escardas periódicas. Tras de un periodo variable, generalmente breve, el rendimiento disminuye. Entonces se abandona el terreno para permitir la regeneración del suelo y del bosque. Una nueva sección del bosque es talada a fin de continuar el ciclo agrícola.

El carácter urbano o puramente ceremonial de los centros mayas es todavía una cuestión sin resolver. La demostración de que eran verdaderos núcleos urbanos haría la hipótesis de su fundamento en la agricultura de roza con desarrollo *in situ* completamente insostenible. Pero la prueba de que eran exclusivamente centros ceremoniales seguiría enfrentando las mismas dificultades sobre los orígenes de un sistema sociopolítico tan complejo.

Existe una tercera posibilidad que no ha sido bien explorada. Independientemente de los orígenes geográficos de la civilización clásica maya y de su carácter urbano o rural-ceremonial, podemos preguntarnos si es correcto el supuesto de que la agricultura de roza era el único sistema del cultivo practicado.

Hay hechos que apuntan en otras direcciones. *1)* Se ha indicado la existencia de terrazas aparentemente de cultivo y procedentes del periodo clásico. *2)* En tiempos históricos (periodo de contacto con los españoles) se mencionan riegos en la región de los ríos Motagua y Ulúa, y acequias (probablemente drenaje) en Tabasco. *3)* No han sido bien investigadas las posibilidades del cultivo de tubérculos en el bosque tropical. De otras regiones del mundo sabemos que el cultivo intensivo de tubérculos (en especial en regiones pantanosas, con canales de drenaje y usando abono verde) fue capaz de mantener poblaciones sedentarias, concentradas y numerosas, en combinación con agricultura de roza. *4)* Sectores importantes del bosque tropical lluvioso de Mesoamérica, en tiempos históricos se habían especializado en cultivos de cosechas comerciales (cacao la más importante), que tienen carácter muy permanente. El desarrollo maya clásico es suficientemente tardío como para concebir un gran desarrollo de actividades comerciales, favorecidas por la navegación en los ríos, la red de caminos existente, la proximidad de la costa y la posibilidad de relaciones económicas con el Altiplano. *5)* La abundancia de pantanos y lagos en las tierras bajas y la aparente predilección maya por su vecindad sugiere la posibilidad de un sistema de cultivo de los terrenos pantanosos, con técnicas parecidas a las chinampas del Altiplano. Es muy posible que un sistema de este tipo, aparte de su mayor productividad, eliminara la necesidad de cambiar los campos de cultivo y concederles largos periodos de descanso.

La agricultura maya clásica, de acuerdo con estas ideas, podría concebirse como un sistema muy complejo y variado, en el que se emplearon técnicas diversas adecuadas a las condiciones locales específicas.

No hay muchas razones válidas para seguir afirmando sin crítica que la agricultura de roza fue la única o la más importante de las técnicas de cultivo. Esperemos que futuras investigaciones puedan concentrarse sobre estos dos puntos capitales, los tipos de poblamiento y los sistemas agrícolas de la civilización maya clásica.[23]

Por desgracia, no puede decirse lo mismo todavía por lo que toca al área maya, al menos en la parte correspon-

[23] Ángel Palerm y Eric Wolf, 1972, pp. 191-193.

diente al bosque tropical lluvioso y a la época clásica (Viejo Imperio), que son probablemente las más críticas y decisivas. De cualquier manera, será difícil de ahora en adelante negar *a priori,* como se hizo en la zona central de México, la existencia de sistemas complejos de agricultura. No deseo, al decir esto, afirmar que el problema maya pueda manejarse adecuadamente por medio de una traslación o aplicación mecánica de los resultados obtenidos en otras partes de Mesoamérica. Será necesario, por el contrario, un replanteo de la cuestión en términos nuevos, y quizá ir a buscar posibles guías fuera del Nuevo Mundo, en lugares tales como el sureste de Asia.

Algunos autores de los que he mencionado, entre ellos Adams, encuentran que el tratamiento que hace Wittfogel del problema maya es el más insatisfactorio en todo su estudio sobre Mesoamérica. Me siento inclinado a pensar de la misma manera. La función de los cenotes en Yucatán, como focos de localización de los poblamientos, no deja lugar a dudas: pero sobre esta función no resulta posible edificar una explicación completa del fundamento económico de la civilización maya, en particular en la zona de bosque tropical. Tampoco es posible pensar exclusiva o predominantemente en términos de la difusión de patrones sociopolíticos desde el centro de México, por más importante que haya sido este proceso. El desarrollo maya es, esencialmente, un fenómeno original y tiene que explicarse en sus propios términos, con sus propios datos.

He usado antes la expresión sistemas complejos de agricultura en el área maya. Quiero aclarar que no me refiero, de manera estricta y excluyente, a los sistemas de riego típicos del Altiplano seco y quizá también de algunas zonas altas mayas. Desde mucho, Eric Wolf y yo hemos postulado la posible existencia en el área tropical de Mesoamérica de sistemas de cultivo parecidos a las chinampas. Mientras esta posibilidad no sea seriamente investigada, seguiré considerando que hay otras avenidas abiertas para la determinación del funcionamiento económico de la civilización maya y de la naturaleza de su estructura sociopolítica, aparte de la agricultura de roza y de los cultivos de regadío.

Por otra parte, se encuentran en el área maya evidencias de sistemas agrícolas semejantes a los que se han hallado en el centro de México. Hay menciones en fuentes escritas de regadíos en la cuenca del Ulúa y del Motagua; existen terracerías importantes, de uso agrícola, en la parte alta de la vertiente del Caribe y del Golfo de México, asociadas con poblamientos de la época clásica; se encuentran evidencias de buenos conocimientos hidráulicos en los drenajes y en la captación de agua potable en algunos centros mayas clásicos, etc. Este complejo de rasgos tecnológicos debe ser analizado y su importancia económica establecida.

Finalmente, me parece claro que en el área maya entraron en juego una serie de factores que, o bien están ausentes del área central mesoamericana, o bien su relevancia no ha sido establecida con claridad. Me refiero, por ejemplo, a ciertos cultivos especializados de alta demanda en toda Mesoamérica, como el del cacao; a la producción y al comercio de la sal, etc. Al lado de estos elementos, habría que explorar el papel de los ríos y del mar como vías de comunicación y el de la construcción de caminos, sobre todo desde el punto de vista de la integración económica de grandes áreas que se podían complementar mutuamente. De la misma manera que no puede verse como producto de la casualidad la superposición del mayor foco de desarrollo mesoamericano con la zona de mayor facilidad de transporte (los lagos de la cuenca interior de México), puede existir una relación estrecha entre el transporte por agua, los caminos y el alto desarrollo maya.

En definitiva, el problema de la agricultura maya (como fundamento económico de una civilización alta) no puede continuar viéndose como un puro y simple caso que tiende a negar la aplicabilidad de la teoría de la sociedad oriental a Mesoamérica. Más bien, el estudio del área maya debe considerarse en un estado semejante al de la zona central mesoamericana al comenzar la década del cuarenta. Es decir, como una región cuyo desarrollo está repleto de posibilidades de investigación con nuevas ideas, nuevos métodos y nuevas teorías. Lo que se necesita en el área maya es una nueva generación de mayistas.[24]

Fundamento económico[25]

Armillas sugiere que el desarrollo de las chinampas y del regadío, y probablemente también de las terrazas, tuvo lugar en esta etapa más bien que en la anterior. El incremento de población y la aparición de grandes centros "urbanos" se explican difícilmente sin un progreso considerable de los sistemas de producción.

Sin embargo, en tanto que la existencia de terrazas de

---

[24] Ángel Palerm, 1972, pp. 175-177.
[25] Ángel Palerm, 1972, pp. 62-71.

cultivo parece definitivamente comprobada desde la etapa anterior, la presencia de chinampas o de sistemas de riego no ha podido ser demostrada todavía. Naturalmente, es posible que existieran regadíos en pequeña escala, que por su carácter resultan muy difíciles de localizar y de situar cronológicamente. De hecho, la distribución geográfica del riego a fines del siglo xv y principios del xvi sugiere cierta antigüedad, como hemos indicado en nuestros trabajos. Lo que podemos descartar, aparentemente, es cualquier idea de un clímax de regadío durante el clásico, y también la existencia de sistemas hidráulicos comparables a los que encontramos durante las etapas siguientes.

Nuestra idea es que el fundamento económico del florecimiento clásico debe explicarse de otra manera. Es decir, no tanto por un progreso en un sector especial, en la agricultura, como por progresos interrelacionados en varias esferas: agricultura, transportes, comercio, tecnología y organización sociopolítica. Además, hay que tener en mente que el florecimiento clásico parece estrechamente vinculado a condiciones ambientales locales. En las siguientes páginas trataremos de puntualizar nuestras ideas.

Cultivos. Mientras que en el periodo anterior se alcanzaba el rango completo de las plantas fundamentales para la alimentación, en el periodo presente probablemente se alcanzó el rango completo de las plantas cultivadas no sólo como alimento, sino como artículos de comercio y materias primas. Ciertas evidencias apuntan a la posibilidad de un incremento de los cultivos de carácter comercial.

Tecnología. En ningún otro momento los cambios tecnológicos parecen haber sido más numerosos y significativos. Los cambios toman la forma, en primer lugar, de una generalización de técnicas. En segundo lugar, las técnicas en sí progresan considerablemente, tanto en lo que se refiere a las artesanías como a la aparición de elementos que facilitan el trabajo humano. Empiezan a aparecer, también, objetos suntuarios de metal, probablemente obtenidos por comercio. Armillas piensa que la metalurgia pudo haber existido en Mesoamérica en este periodo. Caso, sin embargo, prefiere situarla durante el periodo tolteca.

Todavía más significativo que estos cambios tecnológicos parece la aparición de evidencias de producción "en masa". Los moldes utilizados en la alfarería parecen probar el paso de las manufacturas a una escala de producción jamás conocida antes. No sabemos si esta verdadera revolución tecnológica y económica se redujo exclusivamente a la cerámica. Parece probable que estuvo relacionada, de todas maneras, con la expansión del comercio y con cambios institucionales en el empleo de las técnicas conocidas. La alfarería comercial producida "en masa" no necesitó ya de artesanos especializados más que para producir los patrones y los moldes. La manufactura en sí pudo confiarse desde ahora a trabajadores que, aunque dedicaran su tiempo completo a la alfarería, no necesitaban un nivel muy alto de especialización técnica.

Comercio. Los tres autores coinciden en señalar la existencia de un clímax comercial, indicado tanto por la extensión geográfica de las relaciones comerciales como por su intensificación. Probablemente el comercio no sólo abarcó la totalidad de Mesoamérica, sino también zonas más remotas (sudoeste de los Estados Unidos, Centroamérica). No sabemos si estas relaciones lejanas fueron directas o realizadas a través de centros intermediarios. Los objetos del comercio fueron artículos manufacturados (especialmente cerámica) y de lujo, utillaje, materias primas para la elaboración de piezas suntuarias y productos agrícolas.

El volumen del comercio sugiere el incremento general de las manufacturas. En el caso especial de la cerámica indica, además, la transformación tecnológica operada por medio de la producción "en masa".

Las concomitantes sociales de estos cambios son mucho menos claras. En otra ocasión hemos sugerido la posibilidad de que el incremento y la extensión geográfica del comercio condujeran a la formación de grupos independientes de mercaderes, o cuando menos a la "secularización" del comercio (a una pérdida progresiva del control teocrático). Evidencias arqueológicas de una diversificación de este carácter en la clase alta deberían encontrarse tanto en las tumbas como en las viviendas particulares.

Tipo de poblamiento. Nuestros tres autores coinciden en señalar la existencia de "verdaderos centros urbanos" durante esta etapa. Como vimos antes, Caso, sin embargo, piensa en la existencia de "verdaderas ciudades" durante la etapa anterior, clásica inicial o formativa. En nuestra opinión, es indudable la relación genética existente entre los primeros "centros regionales" del arcaico, los "centros ceremoniales-comerciales no planificados" más tardíos, los "centros ceremoniales-comerciales-políticos planificados" del clásico inicial o formativo y los "verdaderos centros urbanos" del clásico.

Los "centros ceremoniales urbanos" del clásico mantuvieron las características principales de los tipos anteriores de "centros ceremoniales" y agregaron otras nuevas.

Entre los nuevos rasgos, que no implican simplemente el reforzamiento o aumento de los caracteres anteriores, propondríamos los siguientes: *1)* conversión del "centro" en un lugar de producción manufacturera en gran escala; *2)* extensión de la planificación desde el área propiamente ceremonial o prácticamente toda la zona residencial; *3)* transformación completa en "centro administrativo" o residencia del aparato estatal. Todos estos cambios van acompañados de un aumento sustancial de la población residente y de una mayor diversificación interna del trabajo.

En algunos casos aparecen también servicios típicamente "urbanos" (tales como la construcción de extensos sistemas de drenaje y de abastecimiento doméstico de agua).

En consecuencia, estamos ante "verdaderas ciudades", en las que además de una población numerosa y densa, socialmente estratificada y con división de trabajo, se han concentrado funciones ceremoniales, comerciales, políticas, administrativas y manufactureras. Para ratificar su carácter de "ciudad" es suficiente considerar la extensión de la planificación a prácticamente toda la zona habitada y la aparición de diversos servicios "urbanos".

Ya hemos indicado en otras ocasiones nuestras dudas acerca del fundamento agrícola del urbanismo en Mesoamérica. La existencia de regadíos importantes explicaría fácilmente el desarrollo urbano durante el clásico, cuando menos desde el punto de vista de la producción de alimentos. A pesar de todo, en ausencia de riego importante, el urbanismo pudo desarrollarse, dentro de ciertos límites y con cierta inestabilidad, en áreas que reunieran condiciones especiales.

Sugerimos que algunas de las principales condiciones pudieron ser las siguientes:

a) Una población agrícola numerosa, de una densidad tal que llegara al límite ecológico establecido por los sistemas agrícolas en uso.

b) Suelos ricos, que no hubieran sido agotados por la sucesión exagerada de cultivos y por la erosión.

c) Técnicas agrícolas que permitieran un alto nivel de productividad sin regadío y la conservación del suelo (terrazas de cultivo y abonos).

d) Posibilidad de suplementar la producción agrícola con alimentos procedentes de los lagos y de los ríos.

e) Facilidad para transportar rápidamente los productos (organización eficiente del acarreo humano y, sobre todo, posibilidad de transporte por agua).

f) Existencia de integraciones territoriales que permitieran sumar los recursos de una región para sostener a un centro urbano.

g) Comercio próspero y activo, que permitiera complementar los recursos de una región, estimular la producción agrícola y manufacturera, y crear población no agrícola.

h) Producción manufacturera en escala considerable (y no simplemente producción artesanal de artículos de lujo), que permitiera un comercio activo local e interterritorial y el crecimiento de la población no agrícola.

i) Existencia de organismos de carácter religioso, político y administrativo, que hubieran asumido ya el papel de estimular la producción de alimentos y de concentrarlos para sostener a los grupos no agrícolas (por medio de coacción física o sobrenatural y del comercio de las manufacturas).

Todas o casi todas estas condiciones se presentaron, en mi opinión, en aquellas áreas de Mesoamérica donde encontramos un desarrollo clásico de carácter verdaderamente urbano. La interrelación de estos factores debió constituir una base compleja y de equilibrio delicado del desarrollo urbano mesoamericano. Quizá ello contribuya a explicar la decadencia y destrucción de los centros urbanos clásicos, como sugerimos más adelante.

Organización sociopolítica. La estratificación social, apuntada y desarrollada en las etapas anteriores, parece ahora definitivamente plasmada. Es decir, la sociedad clásica se nos presenta a nosotros como una sociedad que posee una compleja diversificación de trabajo y de funciones, pero que carece de una diversificación social semejante.

Hemos tratado de precisar el carácter de esta sociedad, de acuerdo con Steward, designándola como Estado teocrático monopolista, o sea, como un Estado en el que la clase sacerdotal ha absorbido y concentrado en sí no sólo las funciones religiosas y ceremoniales sino también las funciones políticas y administrativas, y que ha controlado total o parcialmente las actividades comerciales y manufactureras.

De esta manera, una clase superior restringida con carácter teocrático homogéneo pero con funciones diversificadas, se superpone a una numerosa clase inferior que posee también calidad social homogénea y funciones diversificadas.

Sin embargo, como una posibilidad digna de ser investigada, hemos sugerido la formación en esta etapa de grupos de comerciantes independizados del poder teocrático, o cuando menos en proceso de "secularización".

Quizá existió en realidad un doble proceso simultáneo, con aparición de comerciantes independientes en las regiones marginales a los grandes centros ceremoniales y "secularización" progresiva del comercio en los centros urbanos.

Como otra hipótesis de trabajo, sugerida por la presencia de cierto tipo de viviendas en Teotihuacan, pensamos en la posibilidad de la existencia en los centros de manufactura de trabajadores reducidos a una condición de servidumbre o de esclavitud.

El Estado teocrático monopolista parece haber sido el núcleo principal de la organización y desarrollo de la civilización clásica. Es decir, lo que postulamos nosotros es que los principales factores "causales" del desarrollo (alcanzado cierto nivel de suficiencia económica) hay que buscarlos en el plano de las instituciones sociopolíticas.

La posibilidad de sobreproducción de alimentos, y aun la existencia en sí de una plusvalía social considerable, no explican nada si no existe un mecanismo capaz de extraerla y un grupo social dispuesto a aplicarla a la consecución de fines especiales y al desarrollo de nuevas actividades. Es principalmente hacia la constitución y desarrollo de este grupo, hacia sus características peculiares y sus funciones dentro de la sociedad clásica, hacia donde debemos aplicar la atención como una de las claves esenciales del desarrollo de la civilización.

Caso y Bernal sugieren que en esta etapa algunos Estados habrían excedido los límites francamente regionales para formar "confederaciones de ciudades" e "imperios". Las "confederaciones de ciudades" parecen tener, efectivamente, una larga tradición en Mesoamérica, y

Teotihuacan parece haber sido la cabecera de algo que podría llamarse "imperio". Pero el carácter y la constitución del "imperio" es todavía un oscuro problema.

Algunos centros "teotihuacanoides" podrían haber sido, por ejemplo, verdaderas colonias comerciales-religiosas, semejantes a las creadas por otras civilizaciones en el Viejo Mundo. Estas "colonias" establecidas por las metrópolis en lugares remotos no implican conquista militar ni dominio del territorio o población circundante, sino más bien lo contrario; es decir, un tipo de relaciones esencialmente pacífico, interesado primordialmente en el comercio con los nativos y quizá también en el proselitismo religioso.

De hecho, a la llegada de los españoles existían "colonias" semejantes en la costa atlántica y en las rutas del altiplano a la costa, aunque el tipo de relaciones había dejado de ser esencialmente pacífico, y cuando menos las metrópolis del altiplano se interesaban en la conquista y tributación tanto como en el comercio.

Finalmente, durante esta etapa clásica encontramos, de acuerdo con Caso, las primeras evidencias de la existencia de "reyes-sacerdotes", a quienes se atribuye origen divino. El ciclo teocrático queda, de esta manera, perfectamente cerrado. La jefatura de la sociedad no sólo está en manos de los intermediarios con los dioses, sino exactamente en las manos de un descendiente de la divinidad misma.

Religión. Nuevamente, como en los comienzos del clásico, encontramos continuación, enriquecimiento y acentuación de los caracteres ya establecidos. Parece como si las fuerzas intelectuales de la sociedad clásica, como ha dicho Caso, se dedicaran casi íntegramente a elaborar las ideas, las deidades, las representaciones, el culto religioso y otros aspectos culturales estrechamente relacionados con la religión (escritura, calendario, astronomía, arquitectura).

La religión sigue siendo de carácter esencialmente pacífico, con dioses de la vegetación, del maíz, del fuego, etc. Existió un proceso de individualización de la escritura y del calendario que prueba, a pesar de las crecientes relaciones interterritoriales y de la extensión de los Estados, que el florecimiento cultural de carácter local fue poderoso.

El papel de la religión como fuerza integradora de las sociedades clásicas difícilmente puede ser sobreestimado. Faltan, sin embargo, más estudios que pongan en claro los procedimientos y mecanismos a través de los cuales operaron la religión y los grupos sacerdotales. Sobre estos problemas ya hemos expuesto antes algunas de nuestras ideas.

La roza, sistema alabado y atacado[26]

La literatura que trata del cultivo "de roza" plantea conclusiones totalmente opuestas. Algunos autores la califican de antieconómica, improductiva y perniciosa para el equilibrio biótico; otros, por el contrario, le atribuyen una extraordinaria productividad. Como de costumbre, la verdad se ubica entre ambos extremos. En términos de horas-hombre de trabajo por kilogramo de comida producida, es uno de los sistemas de cultivo más productivos en el mundo, y siempre y cuando la densidad de po-

[26] William Sanders, y Barbara Price, 1968, pp. 124-125.

blación permanezca moderada —Pelzer (1945) sugiere 20 personas por kilómetro cuadrado, pero esto varía de acuerdo con una diversidad de factores—, el equilibrio biótico no se altera de manera permanente. La mayor limitación demográfica del sistema es que un gran porcentaje del área, en algunos casos hasta de 80 a 90%, permanece improductivo durante todo un año. De hecho, esto conlleva ciertas ventajas, pues los agricultores tienen así conveniente acceso a una variedad de productos silvestres que les sirven de alimentos, medicinas, combustibles y material de construcción. Además de que en la península de Yucatán la caza del venado y de otras especies menores es relativamente abundante. Lo importante aquí es que el cultivo "de roza", mediante un equilibrio complejo nutricional artificialmente producido, puede soportar densidades de población lo suficientemente altas como para mantener tanto a los cacicazgos como a los Estados no urbanos.

Conclusiones[27]

1) El comercio entre los mayas se inicia prácticamente desde el horizonte preclásico de Mesoamérica, en la fase Mamón.

2) Durante esa época, y según los pocos sitios conocidos, las actividades comerciales por medio del trueque se llevan a cabo principalmente entre el Petén guatemalteco y las zonas adyacentes de El Salvador y Honduras.

3) A medida que se evoluciona social y culturalmen-

[27] Amalia Cardos, 1959, pp. 141-143.

te otros sitios van apareciendo, notándose entre ellos las interinfluencias que surgen tal vez por los contactos comerciales y las ideas.

4) Durante el horizonte de las culturas clásicas hay un apogeo tocante a las relaciones entre las ciudades mayas principales y otros centros mesoamericanos, como por ejemplo la costa del Golfo, el Altiplano de México, la región oaxaqueña, los Altos de Guatemala, Chiapas, el Petén guatemalteco, la península de Yucatán, etcétera.

5) Entre las evidencias arqueológicas están: la cerámica anaranjada delgada, el jade, la pirita, obsidiana, concha, cerámica Usulután, cerámica policroma, pedernal, turquesa, etc.; así como plumas de quetzal, cacao, algodón, pieles, etc., que pueden ser deducidos de los productos de las excavaciones.

6) Posteriormente aparecen: la cerámica anaranjada fina, los metales, el alabastro, tal vez desde fines del periodo clásico. Después, en la época siguiente, la cerámica Plumbate.

7) Posiblemente desde el horizonte clásico se comienza a integrar una serie de factores que impulsan al comercio como: una sociedad que controla las artesanías y las materias primas; la existencia de artesanos de tiempo completo; la producción de determinados artículos en serie; la formación de la clase de los comerciantes; la fijación de ciertas unidades de cambio, etcétera.

8) A partir del clásico se nota un comercio no sólo de materias primas y productos utilitarios, sino también de objetos de lujo, estando esto acorde con la economía y estructuración de la sociedad de esa época.

9) A partir del horizonte posclásico y en todo el histórico, las evidencias comerciales son más patentes,

143

siendo las fuentes escritas bastante precisas sobre el particular.

10) Se comerciaba prácticamente con todo; pero esto estaba sujeto a las potencialidades de cada región, es decir, al conocimiento y explotación de los recursos naturales de cada centro maya.

11) El comercio se hacía por medio de trueque, existiendo sin embargo ciertos productos y materias primas que hacían el papel de unidades de cambio.

12) Los comerciantes estaban organizados y constituían una clase económica y socialmente importante.

13) Tenían un dios especial, Ekchuah, y hacían ceremonias en días fijados.

14) La indumentaria estaba acorde con su rango.

15) Viajaban por rutas terrestres y marítimas, acompañados de esclavos o cargadores, así como por escoltas para repeler cualquier ataque.

16) Existían algunos mercados importantes a los cuales se concurría periódicamente, y estaban debidamente organizados y controlados.

17) Algunos señores o caciques principales adoptaron la profesión del comercio; esto nos indica las posibilidades de enriquecimiento personal y poder que ella había alcanzado.

18) El comercio permitió la divulgación de ciertas ideas, el conocimiento de regiones alejadas y, tal vez, el dominio económico de otras.

19) En cierto sentido, el auge y expansión del comercio contribuyó a la formación de un tipo peculiar de organización social; a la vez que ha de haber intervenido en el colapso de no pocos centros mayas.

Que la manera [que los indios tenían de] hacer sus casas era cubrirlas de paja, que tienen muy buena y mucha, o con hojas de palma, que es propia para esto; y que tenían muy grandes corrientes para que no se lluevan, y que después echan una pared de por medio y a lo largo, que divide toda la casa y en esta pared dejan algunas puertas para la mitad que llaman las cspaldas de la casa, donde tienen sus camas y la otra mitad blanquean de muy gentil encalado y los señores las tienen pintadas de muchas galanterías; y esta mitad es el recibimiento y aposento de los huéspedes y no tiene puerta sino toda es abierta conforme al largo de la casa y baja mucho la corriente delantera por temor de los soles y aguas, y dicen que también para enseñorarse de los enemigos de la parte de dentro en tiempo de necesidad. El pueblo menudo hacía a su costa las casas de los señores; y que con no tener puertas tenían por grave delito hacer mal a casas ajenas. Tenían una portecilla atrás para el servicio necesario y unas camas de varillas y encima una esterilla donde duermen cubiertos por sus mantas de algodón; en verano duermen comúnmente en los encalados con una de aquellas esterillas, especialmente los hombres. Allende la casa hacía todo el pueblo a los señores sus sementeras, y se las beneficiaban y cogían en cantidad que les bastaba a él y a su casa; y cuando había caza y pesca, o era tiempo de traer sal, siempre daban parte al señor porque estas cosas siempre las hacían en comunidad. Si moría el señor, aunque le sucediese el hijo mayor, eran siempre

[28] Diego de Landa, 1938, p. 104.

los demás hijos muy acatados y ayudados y tenidos por señores.

ORGANIZACIÓN SOCIAL Y POLÍTICA

La tenencia de la tierra[29]

Los pocos datos que sobre la tenencia de la tierra aportaron los primeros cronistas e historiadores de Yucatán revelan que el tema no fue de su especial interés. Esta deficiencia contrasta con la abundancia de información que se tiene sobre las normas de derecho agrario existentes entre los antiguos tenochcas y tlatelolcas del altiplano mexicano, según se puede ver al revisar el famoso estudio de Bandelier sobre este aspecto de su organización social. Para los mayas de Yucatán la situación es muy distinta, pues los autores clásicos que tratan de ellos, tales como Diego de Landa y López de Cogolludo, apenas dedican al tema unas cuantas líneas, y ello en forma superficial y un tanto ambigua.

De Landa, por ejemplo (que escribió en 1566), se concreta a decir que: "Las tierras por ahora son de común, y así el que primero las ocupa las posee". Por su parte López de Cogolludo se limita a reproducir de modo textual lo dicho por Gaspar Antonio Chi (de la nobleza maya) en su breve "Relación" escrita en 1582, en la que da a saber que:

Las tierras eran comunes, y así entre los pueblos no había términos, o mojones, que las dividiesen, aunque sí entre

[29] Alfonso Villa Rojas, 1961, pp. 21-22.

una provincia y otra, por causa de las guerras, salvo algunas hoyas para sembrar árboles fructíferos y tierras que hubiesen sido compradas por algún respecto de mejoría.

Basados en estas citas, los escritores que vinieron luego se encargaron de difundir la idea de que los mayas sólo habían tenido tierras de propiedad comunal; así, Brinton, con toda su autoridad, nos dice que:

[Entre los mayas] no existió la propiedad de la tierra. Las tierras de los pueblos se repartían anualmente entre los miembros de la comunidad de acuerdo con sus necesidades, calculándose el consumo de cada adulto en unas 20 cargas de maíz por año.

Cosa igual nos dicen Eligio Ancona y Carrillo y Ancona, que son autores bien conocidos de la historia antigua de Yucatán. Naturalmente que esta noción tan sencilla no podía corresponder a la complejidad del sistema que, sin duda, hubo de caracterizar a este aspecto tan importante de la organización social de los mayas en los tiempos que precedieron a la Conquista. La luz sobre este punto se ha venido haciendo paulatinamente a través de estudios recientes de etnohistoria y otros de carácter etnográfico realizados entre grupos mayances que, como los lacandones, tzeltales y tzotziles, se mantienen todavía apegados a muchas de sus viejas tradiciones. Entre los primeros estudios cabe destacar la tarea meritísima de Ralph L. Roys que, en el curso de 50 años de constante dedicación, ha logrado descorrer el velo de no pocos enigmas y, además, poner a disposición de los estudiosos un enorme caudal de documentos indígenas que habían permanecido ignorados e incomprendidos en su mayor parte. Por lo que toca a las recientes contribuciones etnográficas, ya tendremos oportunidad de irlas mencionando a medida que avancemos en esta exposición.

De todos modos, no obstante la mayor información que ahora se tiene, cabe subrayar que todavía no es posible alcanzar una reconstrucción nítida ni precisa del citado sistema agrario, ya que faltan por resolver no pocos puntos oscuros del mismo. El propio Roys nos dice que: "No es claro el sistema de tenencia de la tierra entre los mayas de Yucatán". Así es que las notas que ahora presentamos no constituyen sino un esbozo preliminar, tentativo, de este tópico de tanta complejidad y amplitud.

Podemos decir que el concepto de propiedad presentaba diversas modalidades, según el tipo de agrupación o entidad a que correspondiera; una revisión de tales entidades nos revela la existencia de las que siguen:

1. Tierras del Estado o Provincia.
2. Tierras del pueblo.
3. Tierras del Calpulli o Parcialidad.
4. Tierras del linaje.
5. Tierras de la nobleza.
6. Tierras particulares.

Las clases entre los mayas[30]

La antigua sociedad maya parece haberse dividido en cuatro clases generales: la nobleza *(almenehoob)*; el sa-

[30] Sylvanus Morley, 1947, pp. 192-195.

cerdocio *(ah kinoob)*; los plebeyos *(ah chembal uinico-ob)*, y los esclavos *(ppencatoob)*.

La nobleza. Después del *halach uinic* venían los *bata-boob* o jefes menores. Éstos eran los magistrados y jefes locales que administraban los asuntos de los pueblos y aldeas dependientes de la capital de la circunscripción territorial, que gobernaban directamente el *halach uinic*. En el Nuevo Imperio, y probablemente en el Viejo Imperio también, aunque eran nombrados por el *halach ui-nic*, pertenecían a la nobleza hereditaria llamada *almen-choob*, que en maya significa "los que tienen padres y madres". Hasta muy entrado el periodo colonial español, a los nobles por herencia los llamaban los españoles caciques o señores naturales.

Ejercían en sus respectivos distritos el poder ejecutivo y el judicial, y aunque en tiempo de guerra servían todos bajo un supremo jefe militar llamado el *nacom*, que desempeñaba el cargo durante tres años, cada *batab* mandaba personalmente sus propios soldados, administraba los negocios del pueblo o aldea que estaba a su cargo, presidía el consejo local y cuidaba de que las casas se mantuvieran en buen estado y que la gente cortara y quemara sus campos en las épocas señaladas por los sacerdotes. En su carácter de juez sentenciaba a los criminales y resolvía las causas civiles. Si estas últimas eran de mucha importancia, consultaba al *halach uinic* antes de dictar sentencia. Aunque al *batab* no se le pagaba tributo directamente, estando éste reservado únicamente para el *ha-lach uinic*, el pueblo sostenía a los *bataboob* con lo que sembraba y hacía. Una de las obligaciones principales del *batab* era velar por que su pueblo o aldea pagara puntualmente al *halach uinic* el tributo que le había señalado.

Había dos clases de capitanes de guerra: unos lo eran por herencia (se supone que éstos eran los *bataboob*) y otros, de mucha mayor importancia, eran electos por un periodo de tres años. A un capitán de esta última clase, como se ha mencionado anteriormente, se le daba el título de *nacom*:

A ése llamaban Nacón; no había en esos tres años conocer mujer ni aún la suya, ni comer carne; teníanle en mucha reverencia y dábanle pescados y iguanas, que son como lagartos, a comer; no se emborrachaba en este tiempo, y tenían en su casa las vasijas y cosas de su servicio aparte, y no le servía mujer y no trataba mucho con el pueblo [...] y traíanle con gran pompa, sahumándole como a ídolo, al templo, en el cual le sentaban y quemaban incienso como a ídolo.

Los párrafos anteriores parecen indicar que el *nacom* electo formulaba los planes estratégicos de la guerra, y que era una especie de jefe de Estado mayor, mientras que los *bataboob*, o jefes hereditarios, dirigían a sus respectivos contingentes en la batalla, es decir, eran sus comandantes.

Después del *batab* venían los concejales o mayores, los *ahcuch caboob*, en número de dos o tres, cada uno con voto en el gobierno municipal, sin el consentimiento de los cuales nada podía hacerse; cada uno era jefe de una subdivisión del pueblo o aldea, una especie de barrio. Los escritores españoles del siglo xvi los comparan con los regidores de los ayuntamientos de España, y tal vez podrían compararse con los *aldermen* de Estados Unidos.

Los *ah kuleloob*, o delegados, acompañaban al *batab* a

todas partes y eran sus ayudantes, portavoces o mensajeros, que ejecutaban sus órdenes; había comúnmente dos o tres de ellos y podría comparárseles, hablando en general, a nuestros agentes especiales de policía.

Las obligaciones de los *ah holpopoob*, palabra maya que significa "los que están a la cabeza de la estera", no son muy claras. Se dice que ayudaban a los señores en el gobierno de sus pueblos y que por medio de ellos se acercaba a los señores la gente del pueblo. Eran los consejeros de sus señores en materia de política externa y en lo relativo a las embajadas de otros Estados. Se dice también que eran los jefes de la *popolna* o casa donde se reunían los hombres para tratar de los negocios públicos y para aprender los bailes para las fiestas del pueblo. Por último, el *ah holpop* era el cantor principal y chantre encargado, en cada pueblo, de los bailes y de los instrumentos musicales.

La categoría más baja de funcionarios era la de los *tupiles* o alguaciles, los policías ordinarios, que venían al final de la organización encargada del cumplimiento de la ley.

No está fuera de razón suponer que algunas de las figuras secundarias de las esculturas, frescos y vasos pintados del Viejo Imperio sean representaciones de algunos de estos funcionarios que, si no eran conocidos por los mismos títulos del Nuevo Imperio, indudablemente tenían otros para indicar parecidos, si no idénticos, cargos. De nuevo debe recordarse que estamos tratando de interpretar las circunstancias del Viejo Imperio a la luz de lo que se sabe de las instituciones del Nuevo Imperio.

Las casas reinantes y la nobleza del Nuevo Imperio conservaban con orgullo sus historias de familia, sus árboles genealógicos y las pruebas de su ascendencia, como se ha visto en el caso de los Xiúes, la antigua casa reinante de Uxmal que se ha descrito en la sección que antecede. Aunque en lo concerniente al Viejo Imperio se carece completamente de prueba en lo que a este punto se refiere, parece muy probable, en vista de la relación íntima y la continuidad cultural entre las dos épocas principales de la antigua historia maya, que los reyes y señores del periodo más antiguo hayan sido también igualmente cuidadosos en la conservación de sus historias de familia, o que en realidad no se haya podido escoger a los dirigentes entre otra clase que no fuera la nobleza hereditaria.

Sacerdocio. La clase sacerdotal de los mayas ha de haber sido de igual, si no de mayor importancia, que los señores y jefes menores. El obispo De Landa, describiendo las circunstancias que existían en los últimos tiempos del Nuevo Imperio, dice, en efecto, que ambas clases eran hereditarias y se derivaban de la nobleza:

> Enseñaban a los hijos de los otros sacerdotes, y a los hijos de segundos de los señores, que los llevaban para esto desde niños, si veían que se inclinaban a este oficio, y que a éste le sucedían en la dignidad sus hijos o parientes más cercanos.

Diferentes hipótesis[31]

Una de las hipótesis de mayor trascendencia originada en estos estudios es la que deseamos tratar, aunque su-

[31] Alberto Ruz Lhuillier, 1964, pp. 63-67.

cintamente, en este artículo. Vogt la presenta más o menos en la siguiente forma: los patrones de población y el mecanismo ceremonial vigente en Zinacantan, Chiapas, son rasgos supervivientes de la antigua cultura maya. En la misma forma que ahora la población vive dispersa en aldeas y caseríos, reconociendo como centro político y religioso al pueblo de Zinacantan, debieron vivir los mayas de la época clásica en comunidades dependientes de un centro ceremonial. En la misma forma también en que actualmente los cargos oficiales son cubiertos rotativamente para un mandato de un año, por campesinos que se concentran en Zinacantan para regresar después a sus milpas y esforzarse en reunir recursos suficientes que les permitan aspirar a cargos más altos, en los tiempos antiguos, con un procedimiento semejante se cubrirían, cuando menos parcialmente, los cargos de la jerarquía religiosa. Tal sistema, en que de la masa campesina saldrían los sacerdotes temporales para volver a ella al terminar su comisión, sin nunca desligarse de su estrato de origen, explicaría, según Vogt, la facilidad con que los centros ceremoniales de la época clásica podían contar con los brazos necesarios, los alimentos y la conformidad del pueblo para la construcción de los edificios y el sostenimiento del sacerdocio.

Bullard, por su parte, después de estudiar los patrones de población en las tierras mayas durante el periodo clásico (Petén), considera que los grandes centros tenían carácter ceremonial y no urbano, pero que además las aldeas y los caseríos tenían también sus pequeños centros ceremoniales. Por otra parte, basándose en estudios ecológicos, más específicamente los relativos a la agricultura de Ursula Cowgill, Bullard recalca (lo que ya

Morley había afirmado) que el campesino maya de los tiempos prehispánicos disponía de tiempo libre después de asegurar, mediante su trabajo agrícola, el sostenimiento de su familia, y que ese tiempo sobrante era el que tenía la obligación de dedicar a la construcción de los edificios ceremoniales y residencias de los señores. Pero, según Bullard, el hecho de no utilizar más que parte de su tiempo para cubrir sus necesidades permitía también al campesino producir un excedente con el que podía adquirir productos menos necesarios y aun lujosos.

De esta última suposición y de la coexistencia de las poblaciones del Petén de casas de habitación grandes y pequeñas, tanto en la cercanía de los centros ceremoniales importantes como en las comunidades más alejadas, concluye Bullard que el pueblo común y los individuos socialmente más elevados convivían, y que no existía en la sociedad maya antigua la diferenciación categórica que se ha dicho, entre una clase dominante, rica y poderosa, y un campesinado miserable y oprimido.

Willey, a su vez, juzga que la presencia de pequeños centros ceremoniales en comunidades reducidas es prueba de que los niveles más bajos de la sociedad maya participaban en el ejercicio del culto, y que éste no era exclusivo de los estratos superiores. Infiere que no debió existir una aristocracia sacerdotal con alto estatuto social, divorciada de la población y dominándola, y que más bien debería pensarse en un sistema en que los individuos comunes irían progresando poco a poco alcanzando cargos cada vez más importantes, desde los inferiores de su localidad hasta los elevados del centro ceremonial mayor.

Sus hallazgos en Belice de tumbas localizadas en ca-

154

sas situadas lejos del centro ceremonial y que atribuye a individuos del pueblo común, en cuyas tumbas las ofrendas comprendían piezas de cerámica decorada y jades labrados, dieron a Willey los argumentos que aduce a favor de la tesis de una sociedad maya no tan diferenciada como se había creído.

Volviendo a Bullard, éste acepta como posible para los tiempos anteriores a la Conquista, concretamente el periodo clásico, un sistema rotativo de cargos como el que Vogt describe para Zinacantan. Sin embargo, no deja de reconocer la existencia de una clase alta comparable a una verdadera realeza, y el hecho de que la complejidad de los conocimientos intelectuales que se exigían a los sacerdotes implicaba una preparación especializada mucho mayor que la que pudieran adquirir individuos que sólo en forma eventual y temporal desempeñarían cargos religiosos. Buscando una solución conciliatoria, propone que el sistema actual de Zinacantan quizá se acerca a lo que fue el patrón clásico del cual hubiera surgido la sociedad maya más evolucionada, y al cual hubiera regresado después, cuando dejara de ser afectada por influencias extrañas.

Los principales puntos de las hipótesis de Vogt, Bullard y Willey pueden resumirse así:

a) existe una concordancia entre los patrones de población de los actuales pueblos mayances y los de los antiguos centros clásicos;

b) las pequeñas comunidades mayas del periodo clásico poseían pequeños centros ceremoniales, y en dichas comunidades convivían sacerdotes y gente común a un mismo nivel económico y social;

c) como en la actualidad, los cargos político-religio-

sos de las pequeñas comunidades estarían desempeña-
dos en los tiempos antiguos por campesinos, en forma
temporal y rotativa;

d) del mismo modo en que los campesinos tzotziles
de hoy van adquiriendo cargos cada vez más importantes, los de la época clásica también irían subiendo de categoría en sus cargos y pasarían progresivamente de los
pequeños centros ceremoniales a los centros mayores;

e) la población campesina maya, después de producir
lo suficiente para cubrir sus necesidades, disponía de
tiempo libre para trabajar en los centros ceremoniales y
para producir excedentes que le permitieran alcanzar un
nivel de vida casi semejante al de las clases altas;

f) la sociedad maya no puede considerarse como diferenciada en clases herméticas, en que una aristocracia
civil y religiosa dominara a grandes masas campesinas
pobres;

g) las aristocracias que los españoles encontraron
tanto en Yucatán como en Guatemala fueron producidas
por influencias del centro de México durante los cinco
siglos anteriores a la Conquista;

h) los conocimientos de los antiguos sacerdotes no
eran en realidad superiores a los que exige el desempeño de los cargos religiosos en las actuales comunidades
tzotziles;

i) la organización actual de Zinacantan quizá no sea
más que un reflejo parcial del sistema de los antiguos mayas, y es factible que aparte del mecanismo de cargos ro-
tativos para la jerarquía religiosa inferior existieran altos
cargos hereditarios en la cima;

j) la organización de Zinacantan quizá corresponda a
la situación que prevaleciera antes del pleno desarrollo

de la sociedad maya, y que volviera más tarde a tener vigencia, cuando ésta dejara de sufrir influencias extrañas.

Del jefismo al señorialismo:
la sociedad maya como sociedad de clases[32]

Con esto estamos enfrentados con uno de los más interesantes problemas de la historia de los mayas, su problema céntrico, esencial para la comprensión tanto del auge como del hundimiento del glorioso periodo clásico de la cultura maya.

Prominentes mayistas han insistido recientemente, y en forma unánime, en las bases económicas de las cuales surge el pronunciado señorialismo del periodo clásico, pero también su hundimiento. Remito a Morley (1946, pp. 155-156), a Thompson (1950, pp. 5-28) y a Kidder (1950, pp. 8-12). Es verdad que la única fuente, por decirlo así, inmediata o directa de información sobre los sucesos económicos y sociales en el periodo clásico la representan las construcciones, preferentemente sagradas, y obras del arte plástico. Las fuentes literarias son indirectas; así las *Crónicas Mayas*, a las cuales ya nos referiremos en el capítulo que trata sobre las andanzas señoriales y las guerras de los Itzá. Pero, por otra parte, es lícito decir que los mecanismos por los cuales en la historia humana se realiza, en medio de la producción agrícola comunal, la transición del jefismo al régimen señorial, son iguales en el mundo entero, por diferentes que hayan sido las condiciones físico-geográficas en las

[32] Alexandre Lipschutz, 1971, pp. 47-49.

que han morado y han evolucionado los distintos componentes de la humanidad.

La transición del jefismo al régimen señorial siempre presupone la *producción sobrante* del alimento. Morley (1946, p. 155) habla del *tiempo* sobrante. Pero debemos precavernos de malos entendidos que pueden originarse si se hace uso de la noción del tiempo sobrante. El *tiempo* sobrante es consecuencia, o derivación, de la posibilidad de una *producción* sobrante; lo *primario* siempre es la *producción* sobrante. De la producción sobrante debería derivar el tiempo sobrante de *la comunidad,* o de *la tribu como un todo.* Pero sucede que la producción sobrante abre para ciertos miembros de la comunidad o tribu la posibilidad de no participar en la producción de los medios de subsistencia. Son estos no productores los que en primer lugar encarnarán, o personificarán, el tiempo sobrante de la tribu. Al contrario, para la mayoría, para la masa de los individuos inmediatamente responsables de la producción sobrante, ésta significa *abandono de todo* tiempo sobrante. Porque el tiempo sobrante de la tribu se invierte en *prestación de servicios* a aquellos miembros de la tribu que ya no participan inmediatamente en la producción. La prestación de servicios puede realizarse bajo la forma de una producción *forzada* de medios alimenticios por encima de las necesidades del productor, o bajo otras formas.

La producción sobrante y forzada de los medios de subsistencia al servicio de los no productores es el aspecto céntrico de aquella "revolución económica" que Childe llamó "la más grande revolución en la historia humana, después de conocer el uso del fuego" (Childe, 1952, p. 23).

La agricultura en el mundo clásico maya puede servir

de ejemplo muy ilustrativo de esta revolución. En el Petén, con su fértil suelo conquistado a la selva virgen, la agricultura encuentra condiciones muy favorables para un rápido y amplio desarrollo. La milpa ancestral, aun con un cultivo relativamente primitivo, asegura abundancia alimenticia (Sttegerda, 1941, pp. 90-131). Sttegerda resume sus estudios sobre la producción de la milpa en nuestros días diciendo que en el promedio son necesarias 576 horas o 72 días de ocho horas de trabajo, para procurar aquella cantidad de maíz que una familia necesita para sus miembros, incluso para los animales, para un año entero; si no hay tales, bastan 48 días de trabajo para procurarse la cantidad de maíz necesaria (Sttegerda, 1941, p. 130). Morley insiste en que esto vale también para la agricultura maya ancestral (Morley, 1946, p. 155). El tiempo sobrante se invertirá, en el mundo maya, como ha sucedido en todas las partes del mundo, en labores que no son necesarias para la satisfacción de los intereses materiales inmediatos y mínimos de cada uno de los miembros-productores de la tribu. Las energías que ahora quedan disponibles en el marco de la tribu se encaminarán siempre más y más hacia la satisfacción de los intereses materiales y espirituales del clan o de la familia de *los jefes*. La posición de jefe confiere a su clan o familia *influencia y poder*, ya en el periodo preclásico, probablemente ya en una fase precoz del desarrollo del jefismo, aun cuando éste no fuera todavía atribución hereditaria.

No disponemos de fuentes inmediatas sobre la evolución del señorialismo en el Petén, o en el periodo clásico en general. Lo que según las *Crónicas Mayas* sucede en el siglo v en Chichén-Itzá es —si es auténtico— derivación de un fenómeno evolutivo ya consumado al parecer en el periodo preclásico (Willey, 1962). Lo que ofrecen las *Crónicas Mayas* para el periodo clásico es para nosotros de profundo interés: guerra y conquista, propaganda señorial —se trata a los señores, por los milperos vencidos, "como padres", "hombres santos"—. En cuanto al manejo señorial en la producción, disponemos de datos de importancia suma, y muy fidedignos, referentes al periodo tardío, y estos datos nos dan la base para nuestra especulación sobre las peripecias del señorialismo también en el periodo clásico.

De Landa nos procura datos sobre las relaciones entre señores y pueblo común, y sobre lo que parece ser el aspecto jurídico y político del señorialismo maya en el siglo XVI. De Landa estaba en contacto íntimo, y durante largos años, con la vida maya del siglo XVI, después de la conquista española. Nos cuenta lo que ha visto y oído en el norte de Yucatán. Nos habla del señorialismo como ha surgido del tribalismo y de la comunidad agraria, la que está todavía en plena vida cuando se produce la conquista española.

CARACTERIZACIÓN SOCIOECONÓMICA DE LA SOCIEDAD MAYA

El modo de producción asiático[33]

La bibliografía de los textos y párrafos de Marx relativos al modo de producción asiático demuestra sin lugar a dudas que se trata de un concepto coherente y elabora-

---

[33] Jean Chesneaux, 1965, p. 4.

do, y no de un "supuesto" modo de producción al cual el fundador del socialismo científico no atribuye ninguna importancia. En el bosquejo de 1859, *Formen, die der kapitalistichen Produktion vorhergehen* ("Las formas que preceden a la producción capitalista"), es donde Marx desarrolló con mayor amplitud el análisis de la forma de propiedad asiática como una categoría diferente de la "forma de propiedad germana". Para Marx se trata de tres tipos diferentes de sociedades clasistas surgidas de la disgregación de la sociedad comunista primitiva. Mientras que en el modo germánico el individuo sólo se integra a la comunidad *(Einingung)* en tanto que dueño de una tierra, el modo asiático se caracteriza por el vigor del control de la comunidad *(Einheit)* sobre los individuos, quienes reciben la tierra por pertenecer a la comunidad; el Estado asiático se sobrepone a estas unidades de base, constituye una "unidad superior" (expresión de Marx) que mantiene al conjunto de las comunidades aldeanas y a sus miembros en un estado de dependencia global ("esclavismo generalizado") y al mismo tiempo llena las funciones "reales" de orden político y, sobre todo, económico (los grandes trabajos). El modo antiguo está basado sobre relaciones más complejas, las cuales combinan el hecho de pertenecer a la comunidad, fuente de derecho para el *ager publicus*, y el desarrollo de un control privado (por parte de las personas "privadas", en un principio, de los derechos sobre la tierra común) sobre los medios de producción y en especial sobre los esclavos.

Las sociedades precolombinas de América, que Marx sólo menciona de paso en *Formen*, también deberían constituir un caso privilegiado de aplicación de la noción del modo de producción asiático. Las comunidades aldeanas (*Ayllu* entre los incas, *calpulli* entre los aztecas) eran sumamente autárquicas, a la vez que estaban integradas en un amplio aparato político-económico cuyos miembros constituían una verdadera clase dirigente.[34]

La forma asiática[35]

También llamado modo de producción asiático, tiene por base asimismo a la comunidad aldeana; pero se ha formado una *comunidad aglutinante superior* —germen del Estado— que aparece como propietaria universal de la tierra y del trabajo de los hombres. Esta forma guarda dentro de sí tanto los elementos de la comunidad primitiva como los de una sociedad de clases: las comunidades agrarias —que forman la base del sistema— son autosuficientes y carecen de propiedad privada, aunque aparece el usufructo individual de la tierra; el Estado despótico, en tanto que unidad superior de todas las comunidades, organiza y dirige los trabajos públicos de interés general (como la irrigación), pero ejercita este poder que le da su función económica para extraer de las comunidades un plusproducto en forma de impuesto. El déspota —padre de todas las comunidades— es el dueño universal de la tierra, la cual es cedida a los individuos por medio de la comunidad; de ahí que el tributo de las

[34] Jean Chesneaux, 1965, p. 19.
[35] Roger Bartra, 1965, p. 38.

comunidades revista la forma de una primitiva renta de la tierra. Esta forma "asiática" parece haber sido el camino más general de tránsito de la comunidad primitiva a la sociedad de clases.

Sin embargo, las diferencias más importantes entre el modo de producción asiático y los regímenes de producción característicos de la Europa esclavista y feudal no se refieren al medio ambiente, sino a las peculiaridades de los otros dos elementos restantes de las fuerzas productivas: la fuerza de trabajo y los medios de producción. A nuestro juicio, es en la interrelación entre estos dos elementos, en el equilibrio que entre ellos se establece y en las formas que adquiere cada uno de ellos, donde hay que buscar la clave de las modalidades del crecimiento de una sociedad. Podemos afirmar que un crecimiento acelerado de las fuerzas productivas es facilitado por una mutua correspondencia y una unidad armoniosa entre la fabricación de medios de producción más refinados y una fuerza de trabajo perfectamente adaptada a ellos, así como a la existencia de condiciones naturales favorables que sirven de receptáculo al proceso. Las fuerzas productivas que se encuentran en la base del modo de producción asiático se caracterizan, por el contrario, por un desarrollo desigual de ambos elementos: hay una mayor utilización de la fuerza productiva *trabajo humano* que de la fuerza productiva *medios de producción*. Encontramos allí *una superexplotación de la fuerza de trabajo que compensa la subutilización de las posibilidades tecnológicas*.[36]

[36] Roger Bartra, 1969, p. 16.

El Estado de tipo asiático tiene su origen en un "poder de función" que surge de las necesidades mismas de la vida tribal y comunitaria un poco desarrollada: necesidad de autodefensa, de control social, de regular la producción, de almacenar y distribuir los productos en épocas de sequía, etcétera.

El ejercicio mismo de este poder de función bajo las condiciones peculiares de las fuerzas productivas que hemos anotado provoca paulatinamente su transformación en un poder estatal clasista.

El modo peculiar en que se articulan los diversos elementos que componen las fuerzas productivas de la sociedad de tipo asiático, tiene su correspondencia lógica en las relaciones de producción. La superexplotación masiva de la fuerza de trabajo, sin un notable desarrollo tecnológico y su correspondiente división del trabajo, sólo puede darse si la población permanece viviendo en el seno de sus aldeas, bajo un régimen de comunidad primitiva, pues el sistema de explotación que ejerce el Estado no permite el sostenimiento de la fuerza de trabajo, salvo en las épocas en que se utiliza el tributo en trabajo para la construcción de canales, caminos y edificios, a diferencia del amo esclavista que no solamente está en condiciones de *comprar* a sus esclavos, sino también de *mantenerlos*.[37] Por otro lado, el modo de producción asiático nos da una muestra de la relativa independencia entre estructura y superestructura. Así como puede hablarse del atraso económico del modo de producción asiático, resulta virtualmente imposible suponer correlativamente un atraso cultural de las civilizaciones asiá-

[37] Roger Bartra, 1969, p 17.

ticas, africanas o americanas. Esto, a la vez, demuestra cuán falaces son las teorías sobre la supuesta "inferioridad" de los pueblos no europeos.[38]

Agricultura y astrobiología: las condiciones sociales y técnicas de la idea astrobiológica[39]

Si las condiciones de la aparición de la astrobiología se dieron primero en Caldea, se debió a que fue ahí en donde se desarrolló la agricultura organizada de las planicies, varios miles de años antes de la era cristiana. En Caldea (como más tarde en China) nos encontramos frente a una gran sociedad agrícola; y la astronomía en sus primeras formas nació naturalmente de la reflexión sobre una agricultura altamente desarrollada. Éste es un punto que debemos analizar más detenidamente.

Los cultos de los pueblos cazadores, pescadores y pastores son el resultado natural de una generalización de las ideas sobre la vida animal, de la que ellos extraen su subsistencia. Entre los pastores nómadas ya se había desarrollado una cierta observación de las apariciones celestes y de las fases de la Luna tan fáciles de verificar que guiaban la dirección y duración de las rutas de esos navegantes de la estepa, como guiaban aquéllas de los pueblos navegantes, los nómadas del mar. De ahí la preponderancia, frecuente entre los nómadas, del culto lunar

[38] Roger Bartra, 1969, p 18.
[39] René Berthelot, 1938, pp. 67-69.

sobre el culto solar. De ahí también el carácter animal dado primero a los seres celestes, de los cuales son testimonio los animales del zodiaco en Caldea; o el dragón, que según los chinos, trata de devorar al Sol en los eclipses, etcétera.

Incluso en las religiones agrarias dominan concepciones cualitativas sobre la muerte y el renacimiento de la vida vegetal a partir de la vida subterránea del grano; de ahí los mitos sobre la muerte y la resurrección de los dioses agrarios, los mitos de Osiris en Egipto, de Deméter y Perséfone en Grecia, donde la atención se mantiene fija sobre la relación de la vida con la tierra, funeraria y fecunda a la vez, lugar de muerte y la resurrección, y no sobre la relación entre la vida y el orden regular de los movimientos celestes.

Lo característico en los caldeos fue fijar su atención sobre el cielo regular y determinado de antemano, de las estaciones, de las siembras y de las cosechas que rige el trabajo humano en una sociedad agrícola y que depende del ciclo de los movimientos celestes, el cual puede ser calculado y previsto por la astronomía. Gracias al calendario, las leyes matemáticas y el rito armonioso de los movimientos celestes parecen comunicarse con los cambios terrestres que de ellos dependen, y especialmente con el crecimiento, la fructificación, la muerte y el renacimiento de las plantas útiles.

De ahí la necesidad de perfeccionar el calendario para sembrar en el tiempo oportuno y mejorar la agricultura.

Este tipo de búsquedas presupone operar ya sobre la selección de especies determinadas de plantas, la eliminación de variedades vecinas que fructifican irregularmente y en fechas diferentes unas de otras; trabajo inmenso, muchas veces secular e incluso milenario, que debió emprenderse en la época neolítica a partir del momento en que los hombres tuvieron la idea de sembrar los granos en lugar de consagrarse a recolectar aquellos que la naturaleza les proporcionaba, trabajo ya concluido tanto en Caldea como en Egipto cuando comienza la era histórica. Únicamente después del fin de este trabajo se inicia la segunda fase de la evolución agrícola, durante la cual la fijación periódica del cultivo de las plantas puede sugerir la existencia de un estudio numérico más preciso de los ritos astronómicos.

Este estudio supone el empleo de la escritura, sin la cual la acumulación de las observaciones no habría sido posible; la existencia de sociedades sedentarias y estables en las que pudiera darse esa acumulación de documentos escritos a través de las generaciones sucesivas, y finalmente una arquitectura urbana ya desarrollada y la construcción de grandes templos observatorios, como la pirámide de Sin en Ur, y la de Bel en Babilonia, lo que implicaba la existencia de Estados administrativos cuyas normas se apoyaban igualmente en documentos escritos. Todas estas condiciones que se conjugaban en Caldea, como más tarde en China, suponen una agricultura ya poderosa. Por otra parte, los caldeos eran conscientes de esos vínculos. Según ellos, el dios Ea había revelado a los hombres al mismo tiempo la escritura, la astronomía, la agricultura, las leyes y el arte de construir ciudades y templos.

El desarrollo de la ciencia experimental de los modernos estará vinculado a su vez, en gran medida, a la formación y al desarrollo de la gran industria en Europa, como la astrobiología había estado vinculada a dos sistemas de ideas que más se han propagado en nuestro planeta; y la influencia decisiva, revolucionaria de sus consecuencias prácticas, explica en los dos casos la generalización y el poder irresistible de su expansión. En la historia de la humanidad hay dos transformaciones intelectuales y técnicas, comparables una a la otra, cuya importancia nunca ha sido superada.

La predicción de los eclipses[40]

Los resultados de todos esos siglos de observación, de deducción y de mejoramiento de las viejas fórmulas se pueden ver hoy en seis páginas del códice jeroglífico maya conocido con el nombre de Dresde (se encuentra en una biblioteca de dicha ciudad). Esas páginas fueron identificadas por primera vez como tablas del planeta Venus, hace más de 60 años, por Ernst Förstemann, bibliotecario de Dresde, quien empezó a estudiar códices mayas como un entretenimiento. El complicado sistema de correcciones fue resuelto por John Teeple, un ingeniero químico que se inició en los estudios mayistas aprovechando el tiempo que perdía en sus largos viajes por tren a que estaba obligado por sus quehaceres profesionales. Como en el caso de los sacerdotes-astrónomos mayas, uno tomó la antorcha donde el otro la había hecho avanzar.

Un segundo logro intelectual de los sacerdotes-astrónomos mayas fue la elaboración de una tabla para predecir cuándo serían visibles los eclipses solares. Aquí

---

[40] J. Eric Thompson, 1959, pp. 163-173.

también la paciencia, la cooperación y la deducción fueron de enorme utilidad. Desde luego, los mayas no sabían que un eclipse de Sol sólo puede ocurrir en la Luna nueva dentro de los 18 días aproximadamente en que el Sol cruza el paso de la Luna (el nodo), suceso éste que tiene lugar cada 173.31 días (el medio año eclipsal). Y no podían saber esto porque ellos nunca descubrieron que la Tierra revoluciona alrededor del Sol. No obstante, llevando listas de las posiciones en relación con el almanaque sagrado de 260 días, llegaron finalmente a la conclusión de que los eclipses caen dentro de tres segmentos de algo menos de 40 días cada uno en un doble almanaque sagrado, es decir, en un periodo de 520 días. Tal cosa ocurre así debido a que tres medios años eclipsales (3 veces 173.31 = 519.93 días) son únicamente 0.07 de día menos que dos ciclos del almanaque sagrado. Anotando los puntos centrales de cada uno de esos tres segmentos llegaron a descubrir los nodos, sin saber, no obstante, qué era un nodo.

Y de este modo, calculando hacia adelante en múltiplos de seis lunaciones, podían saber si la fecha alcanzada caía dentro del segmento correcto de un almanaque doble o periodo de 520 días: si caía, sabían entonces que podría presentarse un eclipse en ese punto, por lo que sustraían una lunación del total para alcanzar una posición dentro del segmento. Con tal sistema los mayas pudieron resolver la secuencia correcta de los diversos eclipses a intervalos de seis meses lunares y luego uno después de cinco lunaciones.

En el mismo códice jeroglífico de Dresde aparecen los resultados de estas observaciones y del razonamiento de los mismos. Se trata de una tabla que contiene 69 fechas en las cuales ocurren eclipses solares en un lapso de 33 años (11 960 días), después del cual la tabla podía usarse de nuevo.

Por supuesto, el conocimiento astronómico de que dispuso este pueblo y su falta de información sobre la naturaleza de la Tierra y de la trayectoria de los eclipses, le impidió saber cuáles eclipses serían visibles dentro del área maya, o de darse cuenta, en verdad, de que en cada fecha que habían señalado para ello, un eclipse solar sería visible en algún lugar de la Tierra, aunque probablemente no lo fuera por ellos mismos.

De cuatro o cinco eclipses uno es visible en alguna parte del área maya. Durante el curso, pues, de la vida activa (unos 30 años, como hemos dicho ya) de un sacerdote-astrónomo, éste no observaría más allá de unos 12 eclipses solares, y probablemente no llegó nunca a esa cantidad, dada la abundancia de días nublados. Con esta limitación de los datos ningún hombre por sí solo pudo llegar a comprender la asociación de los eclipses con el doble almanaque sagrado. Debemos pensar, entonces, en una acumulación de notas y observaciones en el decurso de varias generaciones y, finalmente, en el genio que experimentalmente arregló los eclipses ya conocidos no en un almanaque sagrado sencillo, sino doble, encontrando así la clave para las predicciones. Muchas soluciones parecen demasiado simples una vez que son del dominio de los demás, como sucede con ésta de usar el doble periodo de 260 días; pero el astrónomo maya, más o menos contemporáneo de Carlomagno, que dio este paso, hizo realmente un descubrimiento sin duda brillante. Hay que admitir que no fue ésta una investigación por la verdad misma: seres temibles bajaban a la

Tierra durante los eclipses solares y ponían en peligro al hombre, así que saber con anticipación cuáles serían los días de posibles eclipses permitía a los sacerdotes tomar las precauciones necesarias para salvar a la humanidad.

El triunfo verdaderamente asombroso de los mayas en determinar el tiempo promedio de la revolución sinódica de Venus y en formular las tablas de las fechas posibles en que ocurrirían eclipses de Sol fue igualado sólo por la exactitud con que aprendieron a medir la duración del año trópico.

Además del *tun* o 360 días y del *katun* o 20 tunes, los mayas tenían un año de 365 días, el cual se desliza en concurrencia con el periodo de 260 días (el del almanaque o calendario sagrado). Estaba dividido en 18 "meses" de 20 días cada uno, más uno especial de cinco días que, en cierto modo, era considerado como fuera del año. Este pequeño periodo era en extremo peligroso, ya que en él se podía esperar toda clase de los males que afligen al hombre; por ello, mientras duraban esos cinco días, la gente se abstenía de todo trabajo innecesario y observaba ayuno y continencia.

El engranaje de las partes del calendario se puede explicar gráficamente si dibujamos dos ruedas de piñón. La menor de ellas lleva 13 números que representan otros tantos dioses; dichos números acompañan a los 20 nombres de los días. Así, la espiga 13 se combina con la espiga *Ahau*; el día que sigue será 1 *Imix,* o sea el punto de partida del almanaque de 260 días. Como sólo hay 13 espigas en la rueda de los números, pero 20 en la de los nombres de los días, la siguiente vez que *Ahau* ocupe su primitiva posición, después de un circuito completo, su número acompañante será 7; a esta combinación le seguirán la de 8 *Imix*, 9 *Ik*, y así en adelante. La rueda de los nombres tendrá que dar 13 revoluciones antes de que vuelvan a coincidir las espigas 13 y *Ahau*. Este circuito completo de 260 días es lo que forma el almanaque sagrado que hemos mencionado tantas veces. Un tercer piñón, más grande, que tuviera 365 ranuras, representaría el año de 18 meses de 20 días cada uno, más los cinco días especiales con que termina. El día 13 *Ahau* de que hablábamos se engrana con la ranura 18 del mes *Cumkú*. Ocho días más tarde y después de haber pasado por los cinco infortunados días del mes *Uayeb*, se llega al día 1 *Pop* que vendría a ser lo que nosotros llamamos Día de Año Nuevo. En ese momento las dos primeras ruedas habrán movido ocho de sus espigas y así habrán alcanzado la combinación 8 *Lamat*. La fecha completa, por tanto, se leerá en este caso: 8 *Lamat* 1 *Pop*. Como el único factor común de 365 y de 260 es 5, la rueda del año habrá tenido que dar 52 vueltas antes de que 13 *Ahau* vuelva a coincidir con 18 *Cumkú*. A este periodo de 52 años de 365 días se le llama Rueda Calendárica. De esta suerte, en el calendario maya había 18980 combinaciones diferentes, formadas por un nombre, un número y su posición en un mes dado.

A la izquierda y en la parte superior, una espiga de mayor tamaño hace moverse una posición a la rueda de los meses de 20 días: esto sucede cada vez que la rueda de los nombres de los días completa una revolución. De igual modo, después de que la rueda de los meses dé justamente su vuelta, hará desplazarse una posición a la rueda de los *tunes* (periodos de 360 días: esta última rueda no aparece en la figura), y así sucesivamente va ascendiendo la escala de los periodos mayas del tiempo hasta que, después de que hayan pasado 8 000 de sus años de 360 días, la rueda de los *pictunes* avance también una posición.

Los mayas no estarían de acuerdo con este tipo de ilustración, porque para ellos no se trata de un complicado aparato mecánico, sino de una serie de dioses que van tomando sus turnos para regir al mundo. Los dioses de los números 4, 7, 9 y 13 están siempre bien dispuestos hacia el hombre; los de los números 2, 3, 5 y 10 son malignos. *Ahau* no es simplemente el nombre de un día: es el Sol; *Imix* es la deidad de la Tierra; *Kan* es el buen dios del maíz; *Cimi* la temida deidad de la muerte. Para que se produzca una buena cosecha hay que sembrar en un día 8 o 9 *Kan*, y una joven no debe casarse con un hombre nacido en un día *Oc* (día del perro), porque su marido se extraviará de la casa demasiado a menudo. Los días son, pues, seres vivientes. Teniendo esto presente volvamos a su mecanismo.

No empleaban días intercalares para ajustar el año vago de 365 días al año solar, mas la desviación mereció de ellos un cuidadoso recuento y son bastantes los cálculos mayas que tratan de la corrección necesaria para compensar el error acumulado. Al menos ésta es la opinión que sostiene la mayor parte de los investigadores sobre esta materia; hay, sin embargo, uno o dos de mis colegas escépticos en cuanto a nuestra interpretación de los cómputos. En la exposición que sigue asumo la idea de que su escepticismo es injustificado.

Supongamos que nosotros no tuviéramos años bisiestos. Hasta la fecha, a nuestro calendario le hemos agregado 36 días intercalares desde que México asumió su Independencia el 16 de septiembre de 1810. Ahora bien, si, al igual que los mayas, no hubiéramos añadido nada, en 1958 nos encontraríamos con que México celebraría el aniversario de su Independencia cuando el Sol se levanta donde normalmente lo hace el 11 de agosto. Con el paso de los siglos, México celebraría el 16 de septiembre en un 25 de mayo, es decir, el Día de la Independencia de la Argentina; y los argentinos, por su parte, celebrarían ese día cuando, de acuerdo con la posición del Sol, sería en realidad 31 de enero... De igual modo, en el transcurso de 19 centurias las fiestas de la Navidad se habrían celebrado en cada uno de los días del año si su posición se hubiera retenido tres días después del solsticio de invierno, y por ahora deberíamos celebrarla a principios de abril. La Pascua Florida, que está determinada por el equinoccio de primavera, caería alrededor de julio. Es decir, pues, que en todo esto reinaría una situación anárquica.

Los mayas, con su amor al orden, siendo como eran opuestos a tales condiciones caóticas y deseando conocer además las influencias solares correctas, iban calculando el error acumulado en su calendario. La base de su cómputo fue una cierta fecha que, en nuestro sistema de llevar la cuenta del tiempo, corresponde al año 3113 antes de nuestra era. A partir de ese día los mayas consideraron normalmente todas sus demás fechas. Desde luego, ése fue un punto de partida ficticio y, de un modo general, viene a ser como el *ab urbe condita* del calendario romano; quizás se refiera este punto inicial a la última creación del mundo (los mayas creían que el mundo había sido creado y destruido varias veces, y que actualmente estamos en la quinta [?] creación). Como quiera que sea, esa fecha fue un 4 *Ahau* que coincidió con el 8 de un mes *Cumkú* y marcaba el fin de un lapso de 13 periodos de 4000 años aproximados cada uno. Ahora bien, la posición 4 *Ahau* 8 *Cumkú* se presenta siempre que transcurren 52 años, y parece ser que en cada repetición los mayas hacían el cálculo del error acumulado hasta entonces.

Uno de esos aniversarios del primitivo 4 *Ahau* 8 *Cumkú* cayó en enero del año 733 de nuestra era. En un monumento que erigieron en Calakmul en 731, un año antes de dicho aniversario, se calculó el error para entonces acumulado. En los 3 845 años transcurridos desde su fecha Era, nuestro calendario gregoriano hubiera añadido 932 días intercalares. Sustrayendo 730, cifra que representa los dos años de 365, la rectificación efectiva llega a 202 días. La corrección maya señala a 7 *Mol* como posición de mes, la cual es 201 días antes de 8 *Cumkú*. El calendario gregoriano agrega 24.25 días intercalares por siglo, lo que viene a ser algo más de lo necesario, pues el año solar requiere una corrección justamente de algo menos de 24.22 días por siglo; esto, a su vez, significa una corrección total (excluyendo los años completos) de 201.2 días. El cálculo maya, es verdad, es de un quinto de día menos que lo necesario, pero es mejor en un día que nuestro propio calendario gregoriano. Ahora bien, tomando en cuenta que los mayas no conocían el uso de las fracciones, este cómputo es ciertamente estupendo. El siguiente aniversario de 4 *Ahau* 8 *Cumkú* cayó el año 785 de nuestra era. En esta ocasión se registró la corrección en un monumento de Quiriguá, en el que se da como posición de mes 15 *Yax:* ésta es 212 días después de 8 *Cumkú*. La corrección solar para este intervalo de 3 898 años, después de sustraer los dos años completos, sería de 214 días; en el gregoriano lo sería de 215. De este

175

modo, en el cálculo maya es dos días menos de lo necesario para la corrección solar. En el apogeo del periodo clásico, la mayor parte de los cómputos mayas sobre el error acumulado son uno o dos días menos que lo requerido para el año solar, en tanto que en el sistema gregoriano la corrección sería de un día de más.

Expresado lo anterior en esta forma de cifras, produce una lectura un poco tediosa, mas hay que recordar que el error de un minuto al medir la duración de un año se convierte en un error de más de dos días y medio en cálculos como ésos de los mayas en que se trata de cerca de 3 900 años. ¿Cómo alcanzaron ellos una precisión como ésta? Hasta donde sabemos, los mayas no tenían medios exactos para medir las partes del día, si bien existen algunas pistas para creer que tanto el día como la noche eran considerados como lapsos de nueve "horas" cada uno. Sus "horas", sin embargo, parecen haber sido divisiones toscas a las que se aludía con frases como "sale el Sol", "el Sol está muy alto", "poco falta para el mediodía", "es mediodía", etc.; estamos seguros, pues, que no eran partes de duración exacta con las cuales se pudiera contar el tiempo, y más seguros aún de que no eran divisibles en algo equivalente a nuestros minutos, por ejemplo. Por tanto, obvio es que los mayas no tenían elementos para medir con exactitud el intervalo de un equinoccio al otro; todo lo que pudieron haber hecho para marcar la duración del año debe haber sido registrar, pero en términos de días, cómo el Sol se iba desplazando en su órbita aparente. La observación paciente y cuidadosa a través de cientos de años, la transmisión de los datos de una generación a otra y la existencia de mentes ágiles dispuestas a descartar los cálculos inexactos, fueron los factores primordiales de su éxito. Fueron éstas precisamente las cualidades indispensables para los otros logros de la astronomía que ya hemos analizado.

La cifra o (cero) y el sistema de notación posicional para los números son partes tan integrantes de nuestra herencia cultural y son conveniencias que nos parecen tan obvias que se hace difícil comprender cómo el hombre pudo haberse tardado tanto para inventarlos. No obstante, ni la antigua Grecia con sus grandes matemáticos, ni la Roma antigua, tuvieron indicios bien sea del cero, bien de la notación posicional. Para escribir 1848 en números romanos se necesitan 11: MDCCCXLVIII. Con todo, los mayas habían creado ya un sistema de notación de valores por posición cuando los romanos estaban aún usando su engorroso procedimiento. El sistema maya se asemeja al que usamos nosotros, y sólo se diferencia de él en algunos aspectos: los números se colocan en sucesión vertical y no horizontal; los signos que ocupan los vacíos en los distintos órdenes de unidades y que vienen a ser nuestros ceros sirven para indicar la cabalidad de las cantidades: normalmente no significan cero, es decir, no son símbolos de la nada; el sistema es vigesimal (la unidad básica de progresión es el veinte), no decimal.

El símbolo de "cabalidad" más comúnmente usado es el dibujo de una concha, aunque hay otras formas también. El sistema vigesimal a nosotros nos parece más bien complicado; sin embargo, una vez que se conoce, en realidad es tan simple como el decimal. Los mayas empleaban puntos para los números del 1 al 4 y una barra para el 5. Así, 4 se escribe como cuatro puntos; 9 como una barra y cuatro puntos; 12, como dos barras y dos puntos.

Mientras en nuestro sistema decimal la adición de ceros al final multiplica el número original por 10, 100, 1 000, etc., en el sistema vigesimal maya la secuencia va así: 1, 20, 400, 8 mil, 160 mil, 3 millones 200 mil, 64 millones. Cifras tan grandes como estas últimas se usaron con la suficiente frecuencia como para que no se quedaran en el estado de simples conceptos matemáticos, y hubo necesidad de darles nombres. Es un hecho que se conocen ya los términos en lengua maya para designar todos estos múltiplos y aun para la unidad del orden siguiente, esto es, para 1 280 millones; asimismo, ya han sido identificados los glifos para seis de ellos, tal como se emplearon en la computación de los años aproximados.

El número 400 se expresaría con un punto cuya posición le daba el valor de cuatrocientos; una concha en el segundo lugar indicaría que la cuenta de los veintes estaba completa, e igualmente una concha en la primera posición señalaría que la cuenta de las unidades estaba completa también. El número 953 en este sistema se escribiría entonces con dos puntos (2 veces 400 = 800), dos puntos y una barra (7 veces 20 = 140), y dos barras y tres puntos (2 veces 5 = 10 + 3). Nótese, sin embargo, que el sistema usado para los cómputos calendáricos es diferente, según explicaremos más adelante.

Las barras y los puntos de este sistema parecen difíciles de manejar y, precisamente en contraste, este número 953 se puede indicar en forma más sencilla con números romanos: CMLIII. Mas se notará que 953 es la suma de dos números: 445 y 508. Las barras y los puntos son fáciles de agregarse en este sistema de notación posicional. Los equivalentes en cifras romanas, CDXLV y DVIII, no son tan fáciles de sumar para que resulte CMLIII.

Una vez que se tiene el concepto de cero y un sistema concomitante de numeración por posiciones, los problemas de aritmética simple se vuelven infinitamente más fáciles y no importa mucho, entonces, si el sistema es decimal, duodecimal, vigesimal o quinario.

Éste fue un descubrimiento de capital importancia. Pero que no fue tan obvio como se cree, a primera vista queda evidenciado por el hecho de que no lo hizo ningún pueblo de nuestro mundo occidental. Aun los grandes filósofos y matemáticos jamás encontraron este medio tan simple que hubiera facilitado sus laboriosos cálculos. En Europa no se conoció hasta que no les llegó a nuestros ancestros por medio de los árabes; éstos lo habían tomado de la India; todo ello ocurrió después del periodo clásico de los mayas.

Aunque de este pueblo nos han quedado tablas de multiplicación y cálculos complicados en los que se emplean su cero y la notación de valores por posición, todos se refieren al calendario; no se conocen numeraciones de asuntos prosaicos como sacos de maíz, efectivos militares o recuentos de almendras de cacao (la moneda principal de la América Media). Los cómputos calendáricos son un tanto más complejos debido a que en ellos se utiliza un sistema comparable —el símil es algo tosco— al de las fracciones y fue elaborado para poder encargarse de los periodos menores que un año aproximado. Y tal como contamos nosotros el tiempo en años expresados en sistema decimal y le agregamos luego los meses y días en cuentas aparte pero igualmente indicadas en el mismo sistema decimal —por ejemplo, 1/12/1958—, así los mayas contaban el tiempo transcurrido en años aproximados de 360 días, expresaban la cuenta en su sistema vigesi-

179

mal y le agregaban los meses y días en cuentas vigesimales separadas, procedimiento que es más o menos comparable a un recuento fraccional. La unidad de cómputo era el año de 360 días, conocido como un *tun* dividido en 18 "meses", cada uno de los cuales era de 20 días.

La mayor parte de la cultura maya —religión, organización social, plantas agrícolas, técnicas, armas y toda la línea de utensilios domésticos— era común a los pueblos avanzados de la América Media, pues hay que tener siempre presente que los grandes centros como Monte Albán (de los zapotecas), Tajín (probablemente totonaca), Teotihuacan y las ciudades de la cultura de La Venta, florecieron al mismo tiempo que la edad de oro de la cultura maya. Todos tuvieron sus periodos clásicos al mismo tiempo y recibieron inspiración unos de otros, tal como ocurrió con los pueblos de la Europa occidental en los tiempos medievales y durante el Renacimiento. Es imposible afirmar quién introdujo primero técnicas como la manufactura de hojas de pedernal y de obsidiana mediante presión, el tallado de jade por medio de barreno tubular, el cultivo del algodón o la aplicación de diseños policromos a la cerámica. Casi todo lo que podríamos llamar deleites y amenidades de la vida parecen haber aparecido en el periodo formativo; otros adelantos, como la metalurgia, la hamaca, el cultivo de la mandioca (cazabe) y quizás el trabajo de "batik" tanto en telas como en cerámica, llegaron de América del Sur a la América Media.

Sin embargo, podemos estar casi seguros de que los descubrimientos puramente intelectuales a que nos hemos venido refiriendo fueron obra de los mayas. Hasta donde llega nuestro conocimiento actual, ningún otro pueblo de la América Media empleó tablas comparables en exactitud a las que elaboraron los mayas para predecir los posibles eclipses solares y para calcular las revoluciones sinódicas de Venus; como tampoco, hasta donde sabemos hoy, ningún otro pueblo en esta parte del continente logró medir la duración del año trópico con la habilidad que caracterizó a los mayas. Para los otros pueblos de la América Media el tiempo no fue objeto de tanta elucubración como lo fue para los mayas, por lo que, naturalmente, carecieron del estímulo para explorar esos campos. En realidad, los aztecas no concibieron un método para fijar sus fechas, excepto dentro del ciclo de 52 años que también tenían los mayas y otros grupos de la América tropical.

Es bastante posible que la gente de La Venta, los llamados olmecas, hayan inventado el símbolo para el cero o terminación de una cantidad, puesto que también ellos emplearon las barras y los puntos en la notación por lugares. Sin embargo, estamos lejos de tener la seguridad de que usaron la numeración por posiciones antes que los mayas de las tierras bajas lo hicieran (no existen símbolos para el cero en los pocos textos que se conocen de La Venta). Es más, yo me inclino a pensar que quienes desarrollaron la cultura de La Venta era gente de habla maya.

El a, b, c de los mayas[41]

Usaba también esta gente de ciertos caracteres o letras con las cuales escribían en sus libros sus cosas antiguas y sus ciencias, y con estas figuras y algunas señales de

[41] Diego de Landa, 1938, pp. 207-209.

las mismas entendían sus cosas y las daban a entender y enseñaban. Hallámosles gran número de libros de éstas sus letras, y porque no tenían cosa en que no hubiese superstición y falsedades del demonio, se los quemamos todos, lo cual sintieron a maravilla y les dio mucha pena.

De sus letras pondré aquí un a, b, c, que no permite su pesadumbre más, porque usan para todas las aspiraciones de las letras de un carácter, y después, júntanle parte de otro y así vienen a ser *in infinitum*, como se podrá ver en el siguiente ejemplo. *Le* quiere decir *lazo* y *cazar con él*; para escribir *le* con sus caracteres, habiéndoles nosotros hecho entender que son dos letras, lo escribían ellos con tres poniendo a la aspiración de la *l*, la vocal *e*, que antes de sí trae, y en esto no yerran aunque usen (otra) *e*, si quieren ellos, por curiosidad. Ejemplo:

después, al cabo, le pegan la parte junta.

Ha que quiere decir agua, porque la *h* tiene *a* antes de sí la ponen ellos al principio con *a*, y al cabo de esta manera:

También lo escriben por partes pero de la una y otra manera que no pusiera aquí sino por dar cuenta entera de las cosas de esta gente: *Ma in Kati* quiere decir *no quiero* y ellos lo escriben por partes de esta manera:

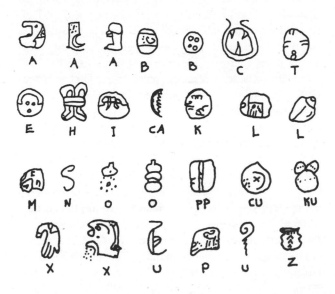

Síguese su a, b, c:

De las letras que faltan carece esta lengua y tiene otras añadidas de la nuestra para otras cosas que las ha menester y ya no usan para nada de estos sus caracteres, especialmente la gente moza que ha aprendido los nuestros.

La escritura de los mayas[42]

Antes de decir algunas palabras sobre la escritura y los conocimientos matemáticos y astronómicos de los mayas, debe confesarse que mucho nos falta para descifrar la escritura maya como se ha hecho con la egipcia y la sumeria. En realidad, bien poco se ha adelantado en esta investigación, y si no fuera por los datos que nos dejó De Landa estaríamos probablemente en completa oscuridad al respecto. La escritura maya es jeroglífica, es decir, compuesta de elementos ideográficos y otros fonéticos. No existía un verdadero alfabeto, ya que lo que De Landa presenta como tal no es más que la equivalencia gráfica maya de los sonidos del alfabeto castellano. Varias tentativas se han hecho para descifrar la escritura maya, de la que conocemos más o menos la tercera parte de los signos ideográficos y muy pocos elementos fonéticos. Una de ellas fue la del etnólogo soviético Yuri Knorozov, cuyos resultados fueron muy discutidos e impugnados por numerosos epigrafistas. Parece, sin embargo, que no deben descartarse por completo, ya que cierto número de jeroglíficos son interpretables fonéticamente. Más recientemente (1960-1961), un grupo de matemáticos siberianos utilizaron máquinas computadoras electrónicas para descifrar los códices mayas. En principio, el uso de tales computadoras para la investigación lingüística es aceptado, pero los resultados obtenidos por los investigadores de Novosibirsk fueron criticados por competentes mayistas como Barrera Vásquez y aun negados por el propio Knorozov.

Hasta hace pocos años, lo que se leía en las inscrip-

[42] Alberto Ruz Lhuillier, 1974, pp. 84-87.

ciones mayas eran casi exclusivamente cómputos cronológicos y referencias astronómicas. Los registros de fechas fijas del calendario, como son los fines de katunes (periodos de 20 años), en numerosas ciudades diseminadas sobre todo el territorio maya hicieron pensar que el propósito de tales registros era exclusivamente conmemorar el paso del tiempo, y que no se aludía a ningún suceso histórico. Ciertas inscripciones deben indicar la fecha en que un edificio fue dedicado al culto, y en un afán de precisión, la fecha se expresa en el calendario ritual, en el calendario civil basado sobre el ciclo solar, en el calendario lunar, con mención de las divinidades patronas asociadas a los ciclos calendáricos. Varias páginas del Códice de Dresde están dedicadas a un calendario del planeta Venus, válido por 384 años, lo que no es de extrañarse, puesto que una de las principales preocupaciones de los astrónomos mayas parece haber sido la relación entre los ciclos del Sol y Venus.

Entre los jeroglíficos que aún no se descifran, es posible que los haya relacionados con los ritos correspondientes a ciertas fechas, a profecías basadas en la astrología, es decir, especies de horóscopos colectivos que predicen la suerte que había de esperarse para un lapso determinado, y quizá la manera de modificarla en forma favorable, en caso necesario, mediante ofrendas y sacrificios.

Sin embargo, contrariamente a lo que venía afirmándose, desde hace una decena de años se ha visto que las inscripciones mayas constituyen el armazón cronológico de anales históricos, y que la preocupación por el registro del paso del tiempo, en vez de reflejar una obsesión llevada al nivel de filosofía, obedecía, en realidad, al deseo de fijar con exagerada precisión los hechos históricos, concretamente la historia de sus dirigentes (véase Berlin, Proskouriakoff, Kelly, Ruz).

Este propósito era para ellos de suma importancia, ya que creían que la historia obedecía a un ritmo cíclico semejante al que rige el curso de los astros, y que los acontecimientos humanos recurrían como la aparición y desaparición de éstos en el cielo. Al precisarlos en el tiempo, asentaban datos que permitían predecir el futuro.

¿Conciencia histórica?[43]

Con esta investigación hemos intentado comprender la actitud del maya ante su pasado, para saber si se puede hablar de una conciencia histórica en este pueblo, según el concepto tradicional de historia, que consiste en considerar como tal una actitud reflexiva y crítica hacia el pasado, crear un concepto de él, con una distinción entre el mito y la realidad histórica y una conciencia del devenir, o sea, de la diferencia entre pasado, presente y futuro. Si hemos partido de la posibilidad de que el maya pudo tener conciencia histórica es por la creencia de que esta actitud no excluye la religiosidad ni es privilegio del hombre occidental, como lo han afirmado varios filósofos contemporáneos de la historia, que niegan a todo pueblo antiguo anterior o al margen de los griegos la capacidad de reflexión.

Nos hemos apoyado en las fuentes arqueológicas y en las fuentes escritas sobre la cultura maya, sin pretender un análisis exhaustivo de ellas y conscientes de las dificulta-

---

[43] Mercedes de la Garza, 1975, pp. 123-130.

des que ofrece el asunto, ya que la veracidad de las fuentes escritas es discutible y los descubrimientos epigráficos requieren aún la confirmación que les daría el desciframiento de la escritura jeroglífica. Sin embargo, creemos que unas fuentes corroboran a las otras y que el análisis comparativo de la cultura maya con otras culturas mesoamericanas corrobora las conclusiones sacadas de las fuentes, ya que la cultura maya se dio en el contexto cultural de Mesoamérica y no como una realidad inconexa.

De los mayas se había destacado su gran capacidad científica, gracias a la cual desarrollaron notablemente la astronomía y los cómputos calendáricos, pero se había negado en ellos una preocupación por el acontecer humano, por la vida histórica, lo cual resultaba incompatible con el gran humanismo que refleja el arte maya y con la función práctica de la astronomía; pero a partir del desciframiento de glifos que se refieren a ciudades determinadas, llamados glifos Emblema, la arqueología inició el camino de búsqueda de registros históricos en las inscripciones jeroglíficas, y así se logró descubrir en los textos clásicos registros de nombres de lugares, de personajes y de dinastías; fechas de nacimiento, de ascensión al trono, de hechos sobresalientes y de muerte de grandes personajes, acompañadas de glifos de acción que las identifican, demostrando que el maya sí se preocupó por dejar constatada su historia, entendida como historia de los grandes linajes.

Comparando las expresiones mayas con las de otras culturas clásicas de Mesoamérica, encontramos que en la cultura zapoteca que, como la maya, es heredera muy directa de las creaciones olmecas, hay también múltiples inscripciones que han sido consideradas como textos históricos, por lo que es evidente que varios pueblos compartieron el interés por su pasado desde el periodo clásico, incluso, tal vez, Teotihuacan, principal centro cultural del Altiplano Central en este periodo; porque, aunque no se han hallado inscripciones jeroglíficas sobre el pasado que nos permitan asegurar que hubo una preocupación histórica en el teotihuacano, sabemos que estuvo muy relacionado con los pueblos del sur durante su apogeo y que constituye el fundamento cultural de los pueblos nahuas, quienes se afanaron notablemente por no perder la memoria de su pasado.

En el periodo posclásico se produce un gran cambio cultural en toda Mesoamérica y encontramos una forma distinta de registrar el pasado, como lo muestran las fuentes escritas que hemos consultado. Por principio, se da un cultivo de la historia a nivel mesoamericano, es decir, que se manifiesta de manera semejante en los grupos más importantes de los que integran esta cultura: el nahua, el mixteca, el zapoteca, el totonaca, el tarasco y el maya.

Podemos decir que todos estos pueblos, influidos muy señaladamente por los nahuas, tuvieron un vínculo consciente con su pasado, al que consideraron como algo vivo y vigente en sus vidas actuales. Se percataron, de algún modo, de que la trayectoria histórica del hombre es una continuidad que no se puede romper, de que los hechos del pasado determinan la vida presente, como ésta, a su vez, determinará la futura. Descubrieron que la identidad de un pueblo como comunidad depende de su conocimiento del pasado, y así, cultivaron la historia como una de sus ciencias fundamentales y se preocuparon por transmitirla, haciendo al pueblo consciente de ella.

Esta concepción de la historia es manifiesta en la elaboración de textos sobre el acontecer humano, por personas especializadas para ello; en la formación cuidadosa y sistemática de los historiadores; en la apelación al pasado histórico por parte de los gobernantes, para guiar al pueblo; en la creación de instituciones educativas donde se transmitía la historia; en representaciones de tipo teatral con temas históricos; en discursos al pueblo sobre la vida de los antepasados, y en una tradición oral en las ceremonias familiares.

Hemos hablado de *historia* al referirnos a la conservación del recuerdo del pasado en el mundo mesoamericano, considerando los textos que hablan del acontecer humano como una verdadera historiografía, porque aunque los dioses estén presentes se puso el sentido en los hechos humanos; porque estos hechos están acompañados de fechas, o sea, que están situados en una sucesión temporal, lo que implica una conciencia del devenir, y porque no se registró cualquier suceso del pasado, sino que se seleccionaron aquellos hechos que se consideraron significativos para la comunidad, lo que expresa una inquisición y una reflexión sobre el acontecer pasado del hombre.

Sin embargo, para corroborar que estos textos son realmente resultado de una actitud inquisitiva y crítica hacia el pasado, basada en una conciencia del devenir humano y en una distinción entre el mito y la historia, hemos tomado en consideración el contexto ideológico en el que ellos se dan, es decir, el concepto del mundo y de la vida, y la finalidad esencial con la que fueron escritos.

Quizás a partir de la observación de la naturaleza, que está regida por leyes cíclicas, el universo fue concebido como un eterno devenir cíclico, cualificado religiosamente como múltiples deidades que ejercen su influencia en el mundo de los hombres. Como estas influencias se repiten, el hombre prehispánico consideró que era necesario registrar con precisión lo ocurrido en un ciclo determinado para prever lo que ocurriría cuando este ciclo se repitiese, y así se desarrolló la ciencia cronológica y astronómica (en la que destacaron notablemente los mayas), al lado del registro sistemático del pasado.

En esta idea cíclica del acontecer parece no haber conciencia de la diferencia cualitativa del hombre, que consiste en la novedad del futuro, pero en dos pueblos al menos, aztecas y mayas, es evidente que el sabio mesoamericano no se limitó a situar al hombre dentro de las leyes del universo, sino que penetró, de algún modo, en la singularidad del destino humano, que consiste en su capacidad libre y consciente de estructurar su propia vida.

Entre los aztecas, como lo ha señalado Miguel León Portilla, esta conciencia se manifestó en la destrucción de los códices antiguos, llevada a cabo durante el gobierno de Itzcóatl, y en la creación de una nueva imagen de la trayectoria pasada del pueblo azteca, con la finalidad de dar a este pueblo una identidad de nación fuerte y dominadora, responsabilizada de una misión: impedir que se cerrara el ciclo del Sol de Movimiento, mediante el sacrificio humano, para asegurar la pervivencia de los hombres. Esto expresa una reflexión sobre los acontecimientos pasados y su influencia en el presente, y una conciencia de que el hombre es capaz en cierta medida de modelar libremente su futuro.

Y entre los mayas hemos encontrado, como primer indicio, que las inscripciones y códices sobre el pasado se presentan en una íntima vinculación con representaciones plásticas del hombre que reflejan un excepcional humanismo, y entrelazadas con símbolos astronómicos y cómputos calendáricos, por lo que hemos analizado la concepción del hombre en el arte plástico del periodo clásico y la finalidad de la ciencia del tiempo.

De nuestro acercamiento a las artes plásticas hemos concluido que los mayas parecen haberse interesado por el hombre desde el inicio de su cultura, situándolo cada vez más en su propia dimensión dentro del cosmos, ya que llegaron a representarlo con movimiento y naturalidad, con expresión profundamente humana e, incluso, a hacer retratos individuales. Hemos destacado el análisis del arte palencano y de los frescos de Bonampak, porque en el primero se logró la más pura expresión humana en los relieves y esculturas en estuco, y la más grande exaltación del hombre en el Templo de las Inscripciones, mientras que en los segundos se relató, con gran expresividad y naturalismo, y con una asombrosa perfección plástica, un hecho histórico.

El estudio del hombre en las representaciones plásticas nos hizo ver que el maya consideró al hombre individual valioso por sí mismo, aunque en esencial relación con el mundo y con los dioses, por lo que nuestra inmediata interrogante fue si puede darse un humanismo tan marcado, al lado de un registro tan cuidadoso del pasado, sin una conciencia histórica.

Sobre esta base hemos tratado de penetrar en la significación de la ciencia del tiempo, que los mayas desarrollaron como ningún otro pueblo entre las culturas antiguas, apoyándonos fundamentalmente en las fuentes indígenas posteriores a la Conquista, y hemos encontrado ahí el testimonio de la finalidad que llevó al maya a registrar su pasado y su concepto del acontecer humano, lo que nos ha corroborado que los sacerdotes-astrónomos mayas tuvieron una verdadera conciencia histórica.

Parece ser que los mayas se afanaron por comprender y registrar el tiempo no por un mero afán desinteresado y abstracto de conocer el devenir en cuanto tal, sino por un afán de precisar y de situar la vida del hombre, tanto en el nivel de sus necesidades cotidianas, como en la agricultura, como en el nivel histórico: fijar con precisión los acontecimientos. Esta necesidad surgió por una peculiar idea cíclica de la historia, según la cual los acontecimientos han de repetirse como los ciclos de la naturaleza, por lo que era necesario saber qué había ocurrido para prever lo que ocurriría. Así, los sacerdotes desarrollaron un complejo sistema calendárico que les permitió registrar exactamente la fecha de los acontecimientos, para después estudiar minuciosamente estos textos históricos y prepararse para recibir el futuro.

La idea cíclica de la historia, manifiesta sobre todo en los *Libros de Chilam Balam,* nos ayuda a comprender por qué las inscripciones históricas del periodo clásico, único testimonio prehispánico del afán maya por registrar el pasado, se presentan acompañadas por cálculos calendáricos y astronómicos, y por qué predominó el afán por precisar y sistematizar el tiempo; pero, a la vez, estas inscripciones nos comprueban la veracidad de las fuentes coloniales, cuando éstas se refieren a la elaboración de códices históricos, pues sólo conocemos tres códices mayas prehispánicos que no son precisamente de naturaleza histórica, según lo que se ha podido descifrar de ellos.

En la actitud del maya ante una historia que se repite no hemos visto un mero fatalismo, una pasividad y una sumisión ante un destino inmutable, sino que parece haber una conciencia de libertad, entendida como conciencia activa del destino, en la idea de que el conocimiento de lo que el tiempo deparaba para el hombre le permitía prepararse y hasta cambiar en lo posible su destino. Aunque esta actitud maya está cargada de religiosidad y de magia, creemos que expresa una verdadera conciencia histórica, donde el pasado del hombre, juzgado críticamente y dotado de un significado, se ve como algo vivo, integrado con el presente y el futuro; donde la historia se entiende como un proceso racional determinado por la racionalidad del cosmos, pero al mismo tiempo comprendido y manejado por el hombre.

Así, el concepto del hombre en el arte plástico del área central realizado durante el periodo clásico y la ciencia del tiempo, en su profunda interrelación, nos permiten ver las inscripciones y códices sobre el pasado, en los que se buscó fundamentalmente constatar la verdad, como una verdadera historia, como expresión de una conciencia histórica original dentro de Mesoamérica, aunque relacionada con la de los aztecas por una concepción semejante del mundo.

En síntesis, la conciencia histórica de aztecas y mayas se manifestó en la inquisición crítica del pasado humano con la finalidad ya no sólo de conocer el futuro, sino de conformarlo; pero en tanto que los primeros juzgan críticamente sus textos y los transforman para crear una nueva imagen de sí mismos, y se atribuyen la misión de conservar la vida del universo, convirtiéndose, al amparo de esta misión, en el pueblo dominador por excelencia de Mesoamérica, los segundos exigen al historiador constatar sólo la verdad de lo ocurrido, movidos no por un afán de grandeza, no por un afán de modificar el cosmos, sino simplemente por la necesidad de hacer comprensible y manejable su futuro. Hay una distinta idea del hombre en el maya y en el azteca; quizá una mayor interioridad en el primero, una preferencia por la realización espiritual interna, sobre la realización espiritual externa, afanes menos prácticos que los de los aztecas y una predominancia de lo individual sobre lo colectivo; otro sentido y otro grado de libertad, quizá menos grandiosos que los del azteca, ya que el maya nunca pensó que su propia acción pudiera modificar las leyes del cosmos.

También hemos analizado los textos mayas posteriores a la Conquista, en tanto que son herederos de la conciencia histórica del maya prehispánico, hallando que su idea del quehacer histórico, así como tiene semejanzas con la de los historiadores nahuas, también es peculiar, pues continúa las formas mayas iniciadas desde el periodo clásico: la historia no se desvincula de la ciencia astronómica, a causa del concepto cíclico; hay una marcada predominancia de la precisión cronológica, sobre todo en los textos de Yucatán, y se hace explícita la necesidad de conocer el pasado para prevenir el futuro.

Los historiadores indígenas siguen considerando que la historia es historia de los grandes linajes, por lo que eran ellos quienes la cultivaban, aunque la hacían llegar hasta el pueblo; que la historia es relación verdadera de los hechos del pasado, una de las características más notables del concepto de la historia, como investigación, del maya prehispánico, que cuidó de que los historiadores asentaran siempre la verdad, revisando públicamente sus escritos y quizá en presencia de protagonistas o testigos de los hechos, que podían desmentir al historiador condenándolo a la deshonra de su linaje. Es explícita también la idea de que la historia debía conservarse y transmitirse a las generaciones futuras para que no se perdiera la identidad del pueblo maya; por ello, después de la Conquista los sacerdotes siguieron instruyendo al pueblo sobre su pasado y su tradición religiosa, hasta que fueron reprimidos por la violencia.

De esta investigación puede concluirse, en general, que si la historia en Mesoamérica no se desliga nunca de la religión y ambas constituyen el fundamento de la vida espiritual, no por ello se ha de negar una verdadera conciencia histórica en los hombres mesoamericanos, pues ésta no es privilegio de una mentalidad completamente racionalista, que haya dejado atrás la concepción religiosa y mágica del mundo. Nosotros no creemos que magia y mito se opongan a racionalidad, ni que los pueblos antiguos anteriores o al margen de los griegos hayan sido inconscientes de sí mismos como hombres. Por el contrario, es manifiesto que el hombre mesoamericano se percató de sí mismo y de su vida creativa, histórica, así como se percató de la naturaleza, reflexionando sobre ella y logrando resultados asombrosos. Por tanto, puede afirmarse que estos pueblos tuvieron una verdadera conciencia histórica, aunque ésta haya sido cualitativa y esencialmente distinta de la nuestra, la occidental, que se inició en Grecia.

Caracteres de los dioses mayas[44]

Al considerar la naturaleza de los dioses mayas debemos ante todo librarnos de ciertas nociones erróneas y tomar nota de que en este campo no debe entenderse la palabra

[44] J. Eric Thompson, 1975, pp. 246-249.

pantheon en su sentido estrictamente griego. La idea de una reunión general de los dioses no tiene lugar en la teología maya, y las visiones del comportamiento de los carnalísimos dioses griegos y romanos que esa palabra evoca hubieran sido juzgadas por los mayas totalmente impropias de seres divinos. Como hemos visto, el tratado con los dioses exigía del impenetrante maya la limpieza ritual y la ausencia de preocupaciones sexuales; la idea helénica de que los dioses tenían constantemente aventuras amorosas con los seres de carne y hueso y que de vez en cuando se entregaban a relaciones homosexuales les hubiera repugnado. Tampoco se puede imaginar un paralelo maya para nuestra idea occidental del adjetivo *jovial,* que les hubiera parecido indigno de Júpiter. Verdad es que la diosa maya de la Luna era una carretona antes de encargarse de las obligaciones celestiales que precedieron a su divinización, pero parece natural hacer una deidad —*interalia*— de las relaciones sexuales en imagen masculina o femenina. Más propiamente, las divinidades mayas eran impersonales. En su mayor parte, su único vicio humano era el deseo de que les manifestaran reconocimiento con frecuentes ofrendas, y sospecho que la intención era inculcar a la comunidad el sentimiento de gratitud.

A continuación, en una versión algo ampliada de una publicación anterior, expongo los rasgos que me parecen característicos de los dioses mayas, y que comparten en gran medida con los dioses de los pueblos vecinos mesoamericanos.

1) Pocos son los dioses que tienen forma humana, y la mayoría son una mezcla de rasgos humanos y animales. Por ejemplo, los dioses de la lluvia y las divinidades de la tierra revelan detalles que en gran parte se derivan de las representaciones de serpientes y cocodrilos, fantásticamente elaboradas y a menudo fundidas con elementos tomados de otros miembros del reino animal. El dios Chicchán del número nueve, por ejemplo, tiene rasgos de serpiente (señales en las sienes) y jaguar (bigotes y pelos en la barbilla). Pero los dioses derivados de animales pueden aparecer en forma puramente humana, como el aspecto creador de Itzam Na.

2) Hay una cuadruplicidad de dioses, cada uno de los cuatro atribuido a un rumbo y un color diferentes del mundo, pero considerados a veces místicamente un solo ser, que en cierto modo recuerda la doctrina de la trinidad (amplificada más adelante en el estudio de los Chacs).

3) Los dioses tienen un aspecto doble. Pueden ser benévolos y malévolos. En las obras de arte esto se señala añadiendo símbolos de la muerte al aspecto usual de un dios. Esta dualidad se extiende hasta la edad, porque en algunos casos hay aspecto joven y aspecto viejo del mismo dios, y al parecer ambos aspectos desempeñan las mismas funciones básicas. Hay también dualidad sexual. Por ejemplo, los Chacs son normalmente masculinos, pero alguna que otra vez aparece uno de ellos en forma femenina. Es posible que se trate de la mujer del Chac, pero no hay muchas pruebas de que en el cielo de los Chacs hubiera matrimonios ni casamientos. Los equivalentes femeninos no se distinguen de los masculinos por sus rasgos ni atributos. La dualidad sexual está particularmente desarrollada entre los mayas chortis.

4) Los dioses se formaban indistintamente en grandes categorías, de modo que un dios podía pertenecer a dos grupos diametralmente opuestos. El dios del Sol, por ejemplo, era primordialmente un dios celeste, pero

como pasaba de noche por el inframundo en su viaje hacia Oriente desde el punto donde se ponía hasta aquél donde amanecía, se convirtió en uno de los nueve señores de la noche y el inframundo. De modo análogo, y por razones desconocidas, el dios de los mercaderes era el patrón de una de las agrupaciones lunares.

5) Predominan con mucho los dioses relacionados con todos los periodos de tiempo, y la divinización de los días y otras divisiones cronológicas.

6) Las inconsecuencias y la duplicación de funciones se deben a la imposición, por las jerarquías, de conceptos ajenos sobre la estructura más sencilla de los dioses de la naturaleza adorados por las comunidades campesinas. Ejemplo de ello es la usurpación por el dios (o los dioses) del planeta Venus del patrocinio de la caza mayor y los cazadores, a costa de los dioses proletarios de la caza menor.

7) Los dioses podían fundirse con divinidades ajenas, como la diosa lunar con la Virgen María, el dios del Sol, en menor medida, con Jesús, y los Chacs con los arcángeles y santos de la Iglesia católica romana.

8) Parece haber proliferado un culto que divinizaba a los antepasados tribales en el periodo posclásico. Debió tener importancia también en el clásico, pero recibió fuerte ímpetu con el auge del militarismo hacia el final de esa época.

9) Los objetos inanimados recibían espíritus moradores que a veces llegaban a alcanzar la categoría divina.

10) Adoraban a los animales, como por ejemplo el jaguar.

11) Se formó un orden social divino a semejanza del humano, con dioses menores de mensajeros y sirvientes, y un jefe o principal de cada grupo de cuatro deidades.

12) Un solo dios podía tener diferentes aspectos con nombres distintivos correspondientes. Esto da la impresión de que los dioses mayas eran muchos más de los que eran en realidad (250 nombres y títulos de dioses de tierras bajas en el índice).

13) Hay señales de algo parecido al monoteísmo en la clase superior durante el periodo clásico, y el culto se dirigía a Itzam Na, "Casa de las Iguanas", grupo de divinidades que formaban el marco donde estaba contenida la tierra y que, siendo al mismo tiempo cielo y tierra, procuraban al hombre su sustento mediante el debido riego del suelo.

El estilo Puuc[45]

La arquitectura Puuc podría definirse como el estilo maya que concibió el volumen arquitectónico como una forma simple, de proporciones alargadas, de claros y precisos contornos. Una rica y elaborada decoración realizada en mosaico de piedra se organiza en el friso, en contraste con la sencilla desnudez de los muros. El movimiento plástico de la decoración Puuc no es desbordante, pues está contenido dentro de las líneas geométricas que marca el perfil arquitectónico; la decoración Puuc no altera jamás el equilibrio y la claridad del volumen de piedra que se proyecta en el espacio, sino que se integra a él, enriqueciéndolo.

La refinada conciencia arquitectónica creadora del estilo Puuc utilizó un atinado sistema de medidas para establecer armoniosas relaciones entre las proporciones

[45] Marta Foncerrada de Molina, 1968, pp. 21-25.

de muros lisos y frisos decorados, entre muros y vanos o entre frisos y cornisas. La sensibilidad artística Puuc construyó monumentos que poseen los elementos formales comunes a los grandes estilos arquitectónicos del arte clásico universal: precisión en los perfiles, simetría y repetición rítmica, estructura lineal en el diseño, relaciones definidas de proporciones, patrones decorativos elaborados como unidades autónomas; estas características se conjugan para imprimirle al conjunto arquitectónico precisión y claridad a la vez que riqueza decorativa y perfección técnica.

El arquitecto Puuc dejó lisos los muros de fachada, los levantó sobre un pequeño zócalo y los remató con la sucesión de las tres bandas de piedras que forman la moldura de "atadura". En el entablamiento o friso de perfil vertical, entre los límites marcados por las cornisas de "atadura", concentró exclusivamente el rico movimiento de motivos ornamentales.

En la decoración en mosaico de piedra de los edificios Puuc se conjugan, en equilibrados esquemas geométricos, grecas, celosías e hileras de columnillas; pequeñas casas con techos emplumados, cabezas de serpiente y un rico y variado muestrario de mascarones del dios de la lluvia, Chaac, la deidad que los habitantes de la región Puuc veneraron con angustiosa obsesión.

El estilo Puuc escogió al mascarón del dios de la lluvia como el motivo clave del patrón iconográfico que utilizaría para ornamentar sus monumentos. El mascarón es uno de los símbolos religiosos más antiguos del arte maya y aparece, desde épocas muy tempranas, flanqueando las escaleras de basamento piramidales, decorando muros y cresterías, constituyendo la fachada completa de un edificio —como en la arquitectura Chenes— y formando parte de la decoración en relieve de estelas, altares y lápidas de piedra. En las ciudades de la Zona Central maya, el dios de la lluvia se presentó como un rostro humano de largo y ondulante apéndice nasal; en el arte Puuc, la versión local del mismo dios se realizó por medio de un mascarón de piedra cuya larga nariz la constituye un gancho de piedra que se proyecta hacia el exterior.

El arte Puuc rechazó definitivamente la decoración en estuco, tan favorecida por otras ciudades mayas. La abundancia de piedra en la región Puuc indudablemente propició el desarrollo de la técnica del mosaico en piedra, la que requirió gran habilidad para combinar en forma altamente artística las numerosas piezas de piedra que forman cada uno de los elementos que decoran los frisos de los edificios.

El elaborado conjunto de motivos ornamentales, constituido por el variado juego de planos horizontales, verticales y diagonales, por volúmenes de piedra que se proyectan y proceden, por luces y sombras que agitan la superficie del friso y hacen de él un plano más visible, sugieren al espectador varias preguntas tal vez de imposible respuesta. Desconocemos aún el secreto del proceso creador que condujo a la realización material de estas obras de arte, tan bellamente concebidas como hábilmente ejecutadas. La decoración Puuc debió requerir de planos con medidas exactas e instrucciones precisas que dirigieran el trabajo de cientos de canteros que labraron las piedras y de ensambladores que articulaban las piezas que componen los mascarones, grecas, celosías y demás elementos del friso. Este trabajo debió seguir los lineamientos de un diseño dibujado que nunca fue el mismo para cada edificio y cuya realización final no pudo llevarse a cabo más que en el transcurso de varios años, dadas las limitaciones técnicas de la época.

Otra importante característica de la arquitectura Puuc es la refinada técnica constructiva con que fueron realizados sus monumentos. Los muros y bóvedas están recubiertos por una fina capa de estuco coloreado (azul, rojo, amarillo, blanco) para acentuar y hacer más expresivos los diferentes elementos que constituyen el edificio.

La actitud religiosa de los hombres creadores del estilo Puuc encontró que un arte deshumanizado constituía el símbolo más adecuado para expresar la relación de dependencia que sentían hacia la naturaleza, a cuyo arbitrario acaecer opuso el ordenado ritmo de la forma abstracta (grecas, celosías, columnillas). La casi total ausencia de la figura humana en el arte Puuc es prueba evidente de una visión estético-religiosa original que se apartó radicalmente de los cánones tradicionales empleados por el arte de las ciudades mayas de la Zona Central durante el periodo clásico. En innumerables relieves y esculturas, el sacerdote aparece como tema central de la composición: una figura arrogante, ricamente ataviada, que se rodea de símbolos religiosos para afirmar la autoridad y la alta jerarquía social que posee como mediadora que es entre los dioses y la comunidad.

La mentalidad religiosa de los pueblos de la región Puuc fue, indudablemente, menos elaborada, más apegada a los fenómenos naturales deificados de los que provenía su bienestar material, por lo que no necesitó incluir a la figura sacerdotal como garantía de la benevolencia de los dioses hacia el grupo humano que los veneraba.

La representación de la figura humana[46]

Hemos dicho líneas arriba que el tema central de la escultura maya es la figura humana, cuando la cultura alcanza un nivel racional y una conciencia histórica; añadiremos que esta figura humana es siempre la del sacerdote supremo, aun cuando puede aparecer acompañado por otros sacerdotes y vasallos. Se glorifica siempre a un selecto grupo de hombres, aquellos que ocupan en la jerarquía social la situación de dominio, pues controlan el conocimiento del tiempo en relación con los fenómenos naturales y con las acciones humanas.

En los primeros siglos del periodo clásico (siglo IV a siglo VI) la representación de las figuras humanas se nos antoja repetitiva y estereotipada. Ateniéndose a los matices estilísticos regionales de cada ciudad maya, las figuras están profusamente decoradas, pero carecen de individualidad. El uso de atributos jerárquicos, como grandes penachos de plumas y cabezas fantásticas, pectorales, sandalias y cetros ceremoniales, invade el espacio escultórico y la figura en sí apenas se distingue entre el abigarramiento ornamental que la envuelve. Todas las figuras responden al mismo tipo étnico, pero sus rostros impávidos e inexpresivos se repiten, despersonalizados; lo único que permite suponer cierta diferencia entre ellos es la variación de atributos específicos de los que son portadores. Los que llevan insignias solares serían, posiblemente, sacerdotes dedicados al culto del Sol; los que portan formas serpentinas u ofidias, a deidades acuáticas, y así sucesivamente. Sin embargo, la

[46] Beatriz de la Fuente, 1966, pp. 9-11.

nota general es la glorificación de la casa sacerdotal y no del individuo.

Según parece, hacia los inicios del siglo VII, después de una etapa transitoria de infecundidad artística —504 a 603— se produce un cambio, con el advenimiento del periodo clásico tardío (siglo VII a siglo X), en el que el interés del artista se aleja en parte del contenido religioso y se fija en un campo más amplio de fenómenos naturales. Las posiciones de las figuras sufren variaciones tendientes a posturas dinámicas, paulatinamente se despojan de los simbólicos atributos religiosos y la figura, sea principalmente humana o secundariamente vegetal o animal, surge representada con naturalidad, como resultado de un sabio acercamiento a la naturaleza y a una seguridad del hombre en sí mismo.

La figura humana comienza a singularizarse en su expresión, en sus ademanes y actitudes; se puede decir que un nuevo tipo de hombre se ha descubierto: el *halach uinic* u "hombre verdadero", no porque tenga la verdad absoluta sino porque posee los conocimientos, el poder y el afán de dominio y supervivencia, de lo que otros carecen. Es el hombre como posibilidad no animal, el hombre que decide, que puede proyectarse y prever el futuro a través de su conocimiento empírico de la astronomía. El *halach uinic* comienza por ser el representante de una casta social, pero paulatinamente se convierte en representante de sí mismo y se erige sepulcros y crea dinastías que heredan su poder; es el responsable de un nuevo estilo de vida. La clase sacerdotal, aquellos personajes que eran sacerdotes del tiempo, se han convertido en hombres ávidos de poder y de dominio y sus intereses son ahora estrictamente terrenales. En las representaciones escultóricas con frecuencia se oponen a ese "hombre verdadero", que sabe la verdad del conocimiento, las figuras sumisas de sus vasallos.

Esta nueva clase de hombres, que continúan usando recursos tradicionales —como el control del profético año ritual para mantener su ser sobrenatural ante la masa del pueblo—, se representa en sus efigies con afán de perpetuidad, en un delicado estilo naturalista, conmemorando con frecuencia hechos históricos, como pueden ser el ofrecimiento de una tiara de turquesa, que es insignia jerárquica (Tablero del Palacio en Palenque), o una escena de avasallamiento y dominio (Estela 12 de Piedras Negras), e incluso escenas de lucha entre grupos contrarios (frescos de Bonampak).

Conclusiones[47]

En páginas anteriores hemos revisado el material escultórico más importante de Palenque; presentamos ahora una síntesis de los caracteres fundamentales:

1) La escultura de Palenque tiene un sello original entre el mismo género artístico en el área maya.

La situación geográfica de la ciudad, en un sitio extremo del área maya, fue posiblemente la causa de escasas interrelaciones con otros lugares. Esto hizo propicio que durante el auge de Palenque, en el periodo clásico tardío (siglos VII y VIII), ciertas formas difundidas en toda la región maya alcanzaran su forma más pura y original gracias a la capacidad creadora del escultor palencano.

2) La voluntad artística del escultor de Palenque en-

[47] Beatriz de la Fuente, 1965, pp. 175-180.

contró su mejor expresión por medio del relieve. Un relieve plano y poco profundo cuando va excavado en la piedra, y con mayor realce y modelado cuando se trata de relieves de estuco; en ambos casos el dibujo es el elemento estructural básico. El grabado continuó en época tardía la tradición lineal. La esencia del relieve, que es la abstracción y distanciamiento de la realidad multidimensional que percibimos visualmente, mantuvo una tensión dinámica con el espíritu naturalista y humano latente en las formas escultóricas.

La escultura exenta no prosperó, pero existen ejemplares excepcionales, como las cabezas de estuco encontradas en la cripta del Templo de las Inscripciones, y otras semejantes provenientes de los frisos y de las cresterías. Esculturas tridimensionales interesantes son también los cilindros de barro y las máquinas y figurillas de jade.

3) La composición de todas las formas escultóricas es clara y precisa. La simetría axial es frecuente, aun cuando hay estructuras diagonales y en ciertos casos aparece la asimetría.

No puede considerarse a la escultura de Palenque como barroca. Es precisamente el ordenamiento lógico de los motivos, en cuanto a su categoría, una caracterización de la escultura palencana. Los niveles horizontales ascendentes que se refieren a la tierra, la vida y el espíritu son un índice del temperamento organizador y obsesivo de los palencanos.

La impresión confusa que dejan a primera vista los relieves que tratamos se debe al desconocimiento de los símbolos usados, de su significación y de sus interrelaciones; una vez familiarizados con ellos, vemos que si bien el escultor palencano realizó con gran cuidado el preciosismo del detalle, valoró además la superficie del espacio y distribuyó sabiamente formas simbólicas y naturalistas de modo que se destacaran, para lo cual combinó armónicamente planos y realces.

4) Dos tipos de representaciones coexisten dentro de un mismo estilo artístico. Uno referido a escenas simbólicas en que la finalidad es dar presencia a conceptos religiosos, y otro que tiende a centralizar sus temas en torno a escenas palaciegas y cortesanas propias del ceremonial de la clase sacerdotal; en estas escenas la figura humana naturalistamente representada es el objeto supremo.

5) Los motivos simbólicos frecuentes en Palenque han sido agrupados teniendo en cuenta los estudios de Thompson, de acuerdo con sus probables significaciones, en acuáticos, terrestres y celestes. Hemos explicado previamente que debido al carácter complejo y aún desconocido en muchos aspectos de la religión maya, las deidades o símbolos que las representan pueden superponerse, transformarse y cambiar de atribuciones inexplicablemente para nosotros. Por lo tanto, nuestra agrupación es sólo un intento de referencia para aclarar la frecuencia y las relaciones que guardan los símbolos entre sí.

Los símbolos más frecuentes son los que tienen asociaciones con el agua y con la tierra.

Entre los primeros, aparecen constantemente las variadas representaciones de la deidad de la nariz larga —dios B y dios K de Schellhas—, los cetros maniquíes y las corrientes de agua, motivos todos de origen serpentino. Otros signos profusos son formas convencionales como los discos de jade, la cruz de *Kan*, el signo *Yax*, etcétera.

Los símbolos de tierra pueden referirse tanto al interior como a la superficie de ella. En relación con el inframundo, los más comunes son los mascarones de la muerte y los huesos, y en relación con la superficie de la tierra prevalecen las numerosas variantes del lirio acuático, así como el follaje del maíz. El "símbolo triple", de secciones de concha, flores y semillas de maíz, tiene una significación intermedia entre la tierra y la vida. Según el sitio en que aparecen los símbolos en los relieves y por las relaciones acuáticas, interterráqueas y celestes son, a mi parecer, los signos de la superficie de la tierra los que sintetizan el concepto esencial, el nacer y el perecer, el sembrar y el fructificar, la vida y la muerte.

Los signos celestes son menos repetidos. Sin embargo, los símbolos astrales y los pájaros del cielo se encuentran con cierta recurrencia.

Las representaciones simbólicas sufren transformación no en cuanto a su forma, que se conserva prácticamente igual durante los dos siglos de la escultura palencana, sino en su presencia y en su asociación. Si durante el siglo VII la presencia mágica de estos símbolos míticos es indispensable, lo que habla de una profunda conciencia religiosa, en el siglo siguiente (siglo VIII) son casi eliminados y la figura humana, el sacerdote, el hombre verdadero, ocupa el centro indiscutible en la temática de la escultura de Palenque y es de por sí elocuente de una conciencia histórica.

A principios y a mediados del siglo VII los motivos simbólicos están directamente asociados al sacerdote en el penacho, en bastones rituales, etc., y tienen la función de escudos mágicos, pero a finales del siglo VII dichos motivos simbólicos pueden estar arbitrariamente distribuidos en toda la superficie del relieve; no hay asociación directa a atribuciones jerárquicas y se trata de formas simbólicas no vinculadas específicamente a manifestaciones de dominio o de mando. La relación del hombre con los símbolos religiosos es la de ser partícipe del proceso evolutivo natural: el hombre es vida y como tal nace del seno de la tierra, equiparable a la madre, y perece con espíritu de trascendencia en la dimensión del cielo.

La asociación de los símbolos a ciertas áreas relacionadas con el cuerpo humano y con elementos de su indumentaria y su adorno se inicia desde 667 (Casa A del Palacio), pero aumenta durante el siglo VIII. La concentración se nota precisamente en los penachos y en objetos sostenidos por las manos de los personajes. Las luchas de la naturaleza principian a ser dominadas por el hombre, las lleva en su cabeza, las maneja con su mano y las utiliza para mostrarse ante la comunidad con los signos de su poder y de su jerarquía.

Durante la primera mitad del siglo VIII, la adjudicación de símbolos a figuras humanas se reduce notablemente y se especializa como atributo teocrático y nobiliario. Los objetos que llevan los sacerdotes en las manos son insignias de categoría suprema de carácter histórico y los signos reminiscentes de los dioses son eliminados o reducidos a su más sencilla expresión. Se conserva la esencia de la expresión religiosa, pero se aumenta el culto a la personalidad humana individual.

6) En las representaciones de la figura humana apreciamos características permanentes y sutiles cambios temporales.

Existe desde luego una marcada voluntad por dar presencia idealizada a las formas del cuerpo: los torsos, los brazos y las piernas, suavemente delineados y contorneados, jamás muestran musculaturas vigorosas o espaldas hercúleas. Las figuras humanas en los estucos impresionan sobre todo por su aspecto suave y un tanto feminoide, más que por su definida virilidad. Éste es, quizá, el máximo refinamiento que caracteriza el ideal estético de los mayas. Los rostros, ateniéndose al ideal de belleza maya, van adquiriendo lentamente matices expresivos y rasgos individuales a partir de la última década del siglo VII.

En diferentes fechas y en diferentes medios la figura humana puede estar sola o acompañada, puede aparecer sentada, de pie o hincada, y su presentación, aun cuando es más frecuente de perfil, puede ser también parcial o completamente frontal. Solamente en las esculturas exentas, tanto los rostros como los cuerpos siempre están de frente.

En general las figuras humanas más antiguas conocidas hasta hoy tienen mayor rigidez que las figuras posteriores, tanto más flexibles. La rigidez es mayor en las figuras centrales, de los sacerdotes, y menor en las figuras secundarias, de los ayudantes.

Antes del año 692 *ca.*, parece ser que el grupo que ocupaba Palenque no había manifestado auge económico o cultural importante; las esculturas del periodo hieráticomitológico expresan, como en gran parte del área maya, la glorificación genérica de la casta sacerdotal, aún dominada por imágenes de mundos míticos. Rands habla de la aparición de una cerámica nueva que tiene asociaciones con las tierras bajas del Petén durante el periodo clásico temprano (siglo IV a siglo VII *ca.*). Pudiera ser que grupos o ideas de gentes de otra área hayan llegado durante esa época a Palenque y que revitalizaran a la comunidad ya establecida. Estos grupos o ideas introducirían no sólo "aspectos jerárquicos de la cultura", como sugiere Rands, sino que transformarían la orientación cultural y artística hacia actividades más humanas e individuales.

El año 692 (9.13.0.0.0) marca el comienzo del culto a la personalidad humana. Se inicia con la construcción de la tumba del Templo de las Inscripciones, y las esculturas que se realizan durante el periodo naturalista-dinámico lo confirman.

Se representan escenas que conmemoran la ascensión de un personaje al grado supremo de mandatario, o el tributo que le rinden sus vasallos por la importancia de su rango. Pero lo importante es que el personaje en cuestión es un individuo determinado, una figura importante, altiva y de aspecto dominante, quien tal vez contribuyó a la prosperidad de Palenque, por lo que se le rindió homenaje en varios monumentos semejantes.

La segunda mitad del siglo VIII marca la apoteosis de la escultura de Palenque. Las figuras humanas en las tres lápidas: El Escriba, El Orador y la lápida del Templo XXI son magníficas expresiones de individuación y de concreción. Los personajes, despojados de superfluas imágenes simbólicas y aun casi de adornos y atributos jerárquicos, surgen seguros y confiados como seres únicos y personales. Han concentrado en sí mismos las fuerzas cósmicas y las posibilidades existenciales; la imagen del hombre-sacerdote suple y concentra los símbolos de la vida y de la muerte. Una nueva imagen del hombre habría sido creada en una ciudad del mundo maya: Palenque.

El arte intensifica la realidad; en este caso, la realidad del mundo palencano en los siglos VII y VIII. Por entonces se había pasado de una visión religioso-imaginativa del universo a una percepción histórico-natural del hombre, en medio de un mundo algo más humano y más comprensible. Este fenómeno de transformación es un hecho que cobró presencia concreta en la escultura. La renovación humanista seguramente existía en el ambiente cultural y la escultura fue la mejor expresión de las ideas precursoras.

A distancia de siglos hemos intentado aquí aproximarnos al humanismo teocrático de la ciudad de Palenque a través de su escultura. Las voces de la piedra y del estuco emiten, en su lenguaje propio, prosas y cantos de alabanza al hombre, al hombre maya poderoso y encumbrado que perdura y que vive aún en esas obras escultóricas de la mayor significación artística, estética y cultural.

No hay evidencia suficiente para hablar de la continuidad o primacía de las influencias circundantes al humanismo palencano. Estudios comparativos con las ciudades afines de la zona del Usumacinta contribuirían notablemente a profundizar en el problema.

Es también posible que el fenómeno sociocultural, que hemos captado a través del arte, haya sido intrascendente, porque coincidió con la decadencia y con el fin de Palenque; de hecho, con la caída de toda la cultura del área maya clásica. Más aún, es posible que haya contribuido al derrumbe, y que las dos tradiciones artísticas que coexistían en Palenque, la simbólica y la naturalista, significativas de religiosidad y humanismo, hayan sido auspiciadas por grupos teocráticos de distinta orientación, grupos jerárquicos disidentes que aumentaron la grave tensión social que existía durante la fase final del periodo clásico tardío. Tal vez debido a las diferencias entre ellos, que debilitaban su poder, facilitaron la presencia e intrusión de pueblos extraños de origen atlántico.

La escultura de Palenque ha sido reveladora, para nosotros, de la presencia de una conciencia histórica y de un humanismo teocrático que acabó por imponerse a las formas religiosas ancestrales.

La expresión de tal fenómeno cultural está patente en el arte de la escultura, que elevó a los más altos niveles estéticos la figura humana por medio de una idealización y de una sensualidad refinadísimas. La comparación de los ideales estéticos de estos mayas con los de otras culturas clásicas de oriente y occidente no deja duda respecto a su gran calidad, patente en las obras que constituyen el precioso legado de la cultura de Palenque.

La producción escultórica en Palenque cesó cuando nacía el siglo IX; terminaron igualmente las inscripciones jeroglíficas y la ciudad entera sufrió un letargo mortal del que habría de resucitar parcialmente nueve centurias después, cuando hombres extraños movidos por vivencias afines intentaron proyectarse hacia el pasado para conocer algo de su propia historia, que no es otra sino la historia del hombre.

CRÓNICA PRIMERA[48]

——*Parte I*

Éste es el orden de los katunes desde cuando salieron de su tierra, de su hogar de Nonoual.

[48] *El Libro de los Libros de Chilam Balam,* pp. 57-67.

Cuatro katunes estuvieron los Tutul Xiu (10.2.0.0.0.-10.5.0.0.0. 3 Ahau-10 Ahau: 849-928) al poniente de Zuyua.

La tierra de donde vinieron [es] Tulapan Chiconautlan.

Cuatro katunes caminaron hasta que llegaron aquí, en compañía del caudillo [Holón] Chan Tepeu y sus acompañantes.

Cuando salieron de la región [Petén] era el 8 Ahau (10.6.0.0.0: 928-948), 6 Ahau (10.7.0.0.0: 948-968), 4 Ahau (10.8.0.0.0: 968-987), 2 Ahau (10.9.0.0.0: 987-1007).

Cuatro veintenas más un año (81), porque era el primer tun del 13 Ahau cuando llegaron (10.10.0.0.0: 1007-1027); primer tun (1008) aquí en esta región (Petén); cuatro veintenas de años y un año en total caminaron desde que salieron de sus tierras y vinieron aquí a la región (Petén) de Chacnabitón; los años son éstos: 81 años (928-1008), 13 Ahau (10.10.0.0.0: 1007-1027), 8 Ahau (10.6.0.0.0: 928-948), 6 Ahau (10.7.0.0.0: 948-968), 4 Ahau (10.8.0.0.0: 968-987), 2 Ahau (10.9.0.0.0: 987-1007), fue cuando llegó a Chacnabitón Ah Mekat Tutul Xiu (y los suyos).

Un año faltando para las cinco veintenas estuvieron en Chacnabitón; éstos son los años: 99, hasta el último día del 5 Ahau (10.14.0.0.0: 1086-1106).

Parte II

8 Ahau (9.0.0.0.0: 415-435), fue cuando se descubrió la provincia de Siyan Can Bakhalal.

6 Ahau (9.1.0.0.0: 435-455), fue que se descubrió Chichén Itzá.

4 Ahau (9.2.0.0.0: 455-475), 2 Ahau (9.3.0.0.0: 475-495).

13 Ahau (9.4.0.0.0: 495-514), se ordenaron las esteras y se ocupó Chichén.

Tres veintenas de años reinaron en Siyan Can y bajaron aquí (¿en Chichén Itzá?).

En los mismos años que reinaron en Bakhalal, la laguna, fue que se descubrió Chichén Itzá; 60 años (6 Ahau, 2 Ahau: 435-495).

11 Ahau (9.5.0.0.0: 514-534), 9 Ahau (9.6.0.0.0: 534-554), 7 Ahau (9.7.0.0.0: 554-573), 5 Ahau (9.8.0.0.0: 573-593), 3 Ahau (9.9.0.0.0: 593-613), 1 Ahau (9.10.0.0.0: 613-633), 12 Ahau (9.11.0.0.0: 633-652), 10 Ahau (9.12.0.0.0: 652-672), 8 Ahau (9.13.0.0.0: 672-692).

Diez veintenas de años reinaron en Chichén Itzá y fue abandonada.

Transcurrieron trece dobleces de katun (desde el descubrimiento de Bakhalal).

Y fueron a establecerse a Chakanputún.

Allí tuvieron su hogar los Itzaes, hombres religiosos. Éstos son los años: 200.

En el Katun 6 Ahau (9.14.0.0.0: 692-711), fue alcanzada la tierra de Chakanputún.

4 Ahau (9.15.0.0.0: 711-731), fue alcanzada la tierra, por ellos, de Chakanputún.

2 Ahau (9.16.0.0.0: 731-751), 13 Ahau (9.17.0.0.0: 751-771), 11 Ahau (9.18.0.0.0: 771-790), 9 Ahau (9.19.0.0.0: 790-810), 7 Ahau (10.0.0.0.0: 810-830), 5 Ahau (10.1.0.0.0: 830-849), 3 Ahau (10.2.0.0.0: 849-869), 1 Ahau (10.3.0.0.0: 869-889), 12 Ahau (10.4.0.0.0: 889-909), 10 Ahau (10.5.0.0.0: 909-928), 8 Ahau (10.6.0.0.0: 928-948), fue abandonada Chakanputún.

Trece veintenas de años reinaron en Chakanputún los hombres Itzá y vinieron en busca de sus hogares de nuevo.

Trece dobleces de katun residieron en Chakanputún, sus hogares y perdieron el camino de Chakanputún.

Éste es el katun cuando fueron los Itzaes bajo los árboles, bajo la maleza, bajo los bejucos sufriendo.

Éstos son los años corridos: 260 (692-948).

6 Ahau (10.7.0.0.0: 948-968), 4 Ahau (10.8.0.0.0: 968-987); dos veintenas de años (anduvieron errantes) y vinieron a establecer sus hogares, de nuevo, después de que perdieron Chakanputún.

Éstos son los años: 40 (948-987).

Parte III

En el Katun 2 Ahau (10.9.0.0.0: 987-1007), se estableció Ah Suytok Tutul Xiu en Uxmal.

2 Ahau (10.9.0.0.0: 987-1007), 13 Ahau (10.10.0.0.0: 1007-1027), 11 Ahau (10.11.0.0.0: 1027-1047), 9 Ahau (10.12.0.0.0: 1047-1066), 7 Ahau (10.13.0.0.0: 1066-1086), 5 Ahau (10.14.0.0.0: 1086-1106), 3 Ahau (10.15.0.0.0: 1106-1125), 1 Ahau (10.16.0.0.0: 1125-1145), 12 Ahau (10.17.0.0.0: 1145-1165), 10 Ahau (10.18.0.0.0: 1165-1185).

Desde que se estableció Ah Suytok Tutul Xiu (y los suyos) en Uxmal, diez veintenas de años reinaron (diez veintenas hacía que se habían establecido en Uxmal) en compañía de los gobernadores de Chichén Itzá y de Mayapán.

Éstos son los años que corrieron cuando esto aconteció: 200 años (987-1185).

8 Ahau (10.19.0.0.0: 1185-1204), abandonó el gobernante de Chichén Itzá, de los hombres de Itzá, sus hogares de nuevo, por causa de la traición de Hunac Ceel Cauich, a Chac Xib Chac de Chichén Itzá; por la traición de Hunac Ceel, gobernante de Mayapán-Ichpá.

Cuatro veintenas de años y diez más hace: el décimo tun del 8 Ahau (10.18.10.0.0: 1194) fue el año en que se dispersaron por causa de Ah Sinteut Chan, Tzontecum, Taxcal, Pantemit, Xuchueuet, Itzcuat, Cacaltecat. Éstos eran los nombres de los individuos, siete mayapanenses, 7.

En el mismo 8 Ahau (10.19.0.0.0: 1185-1204) fueron a destruir (los de Mayapán) al Rey Ulmil por sus banquetes con el Rey Ulil de Itzmal.

Trece dobleces de katun hacía que estaban establecidos (los Itzaes) cuando se dispersaron por causa de Hunac Ceel, para darles lección a los Itzaes.

6 Ahau (11.0.0.0.0: 1204-1224), cuando se terminó.

Una veintena de años más catorce.

Éstos son los años que corrieron: 34.

6 Ahau (11.0.0.0.0: 1204-1224), 4 Ahau (11.1.0.0.0: 1224-1244).

Dos veintenas de años; cuando fue apresada la tierra de Ichpá-Mayapán por los hombres Itzá que salieron de sus hogares con el Rey Ulmil, y por los de Itzmal, por causa de la traición de Hunac Ceel.

2 Ahau (11.2.0.0.0: 1244-1263), 13 Ahau (11.3.0.0.0: 1263-1283), 11 Ahau (11.4.0.0.0: 1283-1303) (han transcurrido desde que) fue apresada la tierra de Ichpá-Mayapán por los de fuera de la muralla —por causa del gobierno múltiple en el interior de Mayapán—, por los hombres Itzá y el Rey Ulmil.

Dos veintenas de años más tres años cuando entró el 11 Ahau (tres tunes del 11 Ahau anterior: 1286), desde que fue abandonada Mayapán por los extranjeros montañeses (que ocupaban) el interior de Mayapán: 43 años.

9 Ahau (11.5.0.0.0: 1303-1323), 7 Ahau (11.6.0.0.0: 1232-1342), 5 Ahau (11.7.0.0.0: 1342-1362), 3 Ahau (11.8.0.0.0: 1362-1382), 1 Ahau (11.9.0.0.0: 1382-1401), 12 Ahau (11.10.0.0.0: 1401-1421), 10 Ahau (11.11.0.0.0: 1421-1441), 8 Ahau (11.12.0.0.0: 1441-1461): fue cuando se abandonó y destruyó Ichpá-Mayapán por los de extramuros, los de atrás de la muralla, por causa del gobierno múltiple en el interior de Mayapán.

6 Ahau (11.13.0.0.0: 1461-1480), 4 Ahau (11.14.0.0.0: 1480), 4 Ahau (11.14.0.0.0: 1500-1520).

En el decimotercer tun, el año que corría (1513), fue cuando primeramente pasaron los extranjeros españoles a ver por primera vez nuestra tierra, esta provincia de Yucatán.

Tres veintenas de años más trece años después que había sido despoblada Ichpá: 73 años.

13 Ahau (11.16.0.0.0: 1520-1539), 11 Ahau (11.17.0.0.0: 1539-1559), 9 Ahau (11.18.0.0.0: 1559-1579), 7 Ahau (11.19.0.0.0: 1579-1599), 5 Ahau (12.0.0.0.0: 1599-1618), 3 Ahau (12.1.0.0.0: 1618-1638), 1 Ahau (12.2.0.0.0. 1638-1658), 12 Ahau (12.3.0.0.0: 1658-1677), 10 Ahau (12.4.0.0.0: 1677-1697), 8 Ahau (12.5.0.0.0: 1697-1717).

(Hace que) fue abandonada la ciudad de Mayapán, por los extranjeros montañeses, diez veintenas más cuatro veintenas de años.

6 Ahau (11.13.0.0.0: 1461-1480), 4 Ahau (11.14.0.0.0: 1480-1500): hubo mortandad súbita (peste), los zopilotes entraron en las casas de Ichpá (Mayapán).

2 Ahau (11.15.0.0.0: 1500-1520), hubo epidemia de viruela grande.

13 Ahau (11.16.0.0.0: 1520-1539): fue cuando murió el Ofrendador del Agua (Ah Pulá); faltaban seis años para terminar la cuenta del 13 Ahau (1533).

El año que contaba por el oriente; en 4 Kan cayó Poop al oriente.

He aquí que yo hago la correlación precisa de los años del katun: 15 de Sip y 3 más (18 Sip), 9 Imix.

Es el día en que murió el Ofrendador del Agua Napoot Xiu.

El año que corría era —cuando se supo esta cuenta de los años— 1536.

Tres veintenas hacía que se había despoblado Ichpá (por la peste).

Asimismo, aún no terminaba de contarse 11 Ahau (11.17.0.0.0: 1539-1559), cuando llegaron los españoles, hombres arrojados.

Del oriente vinieron cuando llegaron por primera vez aquí hasta esta tierra de nosotros los hombres mayas, en el año *domini* 1513.

9 Ahau (11.18.0.0.0: 1559-1579), comenzó el cristianismo; se verificó el Bautismo.

Dentro de este mismo katun llegó el primer obispo, de nombre Toral.

También cesó el Colgamiento.

Éste es el año *domini* que transcurría: 1546.

Era el 7 Ahau (11.19.0.0.0: 1579-1599), cuando murió el gran obispo De Landa.

Dentro del Katun 5 Ahau (12.0.0.0.0: 1599-1618), fue que hubo padres en Maní: fue el año de 1550.

Éste es el año que corría cuando los padres se establecieron en Yokhá: 1552.

Éste es el año que corría cuando llegó el Oidor y se fundó el Hospital: 1599.

Éste es el año que corría cuando llegó el doctor Quijada, gran gobernador aquí en esta tierra: 1560.

Éste es el año que corría cuando aconteció el Colgamiento: 1562.

Éste es el año que corría cuando llegó el Mariscal Gobernador (Luna y Arellano), y se hicieron las cisternas: 1563.

Éste es el año que corría cuando hubo viruela grande: 1609.

Éste es el año que corría cuando fueron ahorcados los de Tekax: 1610.

Éste es el año que corría cuando (fue registrada por) escrito la población (se censó) por el juez Diego Pareja: 1611.

3 Ahau (12.1.0.0.0: 1618-1638).

CRÓNICA TERCERA[49]

Memorias de los katunes de los Itzaes

Katunes mayas es su nombre.

12 Ahau, 10 Ahau, 8 Ahau, 6 Ahau, los de Coní se dispersaron.

4 Ahau, 2 Ahau, 13 Ahau, 11 Ahau, 9 Ahau, 7 Ahau, 5 Ahau, fue despoblado el territorio del rey de los Itza-

---

[49] *El Libro de los Libros de Chilam Balam*, pp. 71-73.

malenses, de Kinichkakmo y de Popolchan (Popolchac) por causa de Hunac Ceel.

3 Ahau, 1 Ahau, despoblaron los restos de los Itzaes a Chichén (Itzá).

En el tun 3, dentro de 1 Ahau fue despoblado Chichén (Itzá).

12 Ahau, 10 Ahau, 8 Ahau, es el katun cuando se establecieron los restos de los Itzaes, que vivieron bajo los bosques, bajo la maleza, en Tunxulucmul lugar así nombrado.

De allí procedieron cuando se establecieron en Saclactun Mayapán lugar así nombrado en el tun 7 del 8 Ahau el katun mencionado. Este mismo es el katun en que sucumbió Chakanputún por causa de Kakupacat y de Tecuilu.

6 Ahau, 4 Ahau, 2 Ahau, 13 Ahau, 11 Ahau, 9 Ahau, 7 Ahau, 5 Ahau, llegaron los extranjeros devoradores de hombres; extranjeros sin faldas se llamaban.

No fue despoblado el país (Petén) por causa de ellos.

3 Ahau, 1 Ahau, fue despoblada la región de Tancah (Mayapán). En el tun 1 dentro de 1 Ahau, el katun (mencionado), fue cuando salieron (de Mayapán) el Halach Uinic Tutul (Xiu) y los Batabes de los pueblos.

12 Ahau, fue tomada su piedra cn Otzmal.

10 Ahau, fue tomada su piedra en Sisal.

8 Ahau, fue tomada su piedra en Kancabá.

6 Ahau, fue tomada su piedra en Hunacthi.

4 Ahau, fue tomada su piedra en Atikuh.

Éste es el katun en que aconteció la muerte súbita, en el tun 5 dentro del 4 Ahau, el katun (mencionado).

2 Ahau, fue tomada su piedra en Chacalná.

13 Ahau, fue tomada su piedra en Euan.

11 Ahau, el primero, fue tomada su piedra en Kinco-
lox Petén.

Éste es el katun en que murió Ah Pulá (el ofrendador
del agua): Napot Xiu era su nombre.

En el tun 1 del 11 Ahau (aconteció).

Éste es el katun en que por primera vez llegaron los
españoles, a esta tierra de (Yucatán).

En el tun 7 del 11 Ahau, el katun (mencionado,
aconteció).

En ese (mismo katun) comenzó el cristianismo en el
año de 1519 (A). D. 1519.

9 Ahau, no se le tomó su piedra.

Éste es el katun en que por primera vez llegó el obispo fray Francisco Toral.

Llegó en el tun 6 dentro del 9 Ahau Katun.

7 Ahau. No se le tomó su piedra.

Éste es el katun en que murió el obispo (fray Diego)
de Landa.

En (ese mismo) katun llegó el sustituto del obispo,
también.

5 Ahau, 3 Ahau.

Segunda rueda profética de un doblez de katunes[50]

11 Ahau

El 11 Ahau Katun, primero que se cuenta, es el katun
inicial. Ichcaansihó, Faz-del-nacimiento-del-cielo, fue el

---

[50] *El Libro de los Libros de Chilam Balam*, pp. 124-127.

asiento del katun en que llegaron los extranjeros de barbas rubicundas, los hijos del Sol, los hombres de color claro.

¡Ay! ¡Entristezcámonos porque llegaron!

Del oriente vinieron cuando llegaron a esta tierra los barbudos, los mensajeros de la señal de la divinidad, los extranjeros de la tierra, los hombres rubicundos... (texto destruido)... comienzo de la Flor de Mayo. ¡Ay del Itzá, Brujo-del-agua, que vienen los cobardes blancos del cielo, los blancos hijos del cielo! El palo del blanco bajará, vendrá del cielo, por todas partes vendrá, al amanecer veréis la señal que le anuncia.

¡Ay! ¡Entristezcámonos porque vinieron, porque llegaron los grandes amontonadores de piedras, los grandes amontonadores de vigas para construir, los falsos *ibteeles* de la tierra que estallan fuego al extremo de sus brazos, los embozados en sus sabanos, los de reatas para ahorcar a los Señores! Triste estará la palabra de Hunab Ku, Única-deidad, para nosotros, cuando se extienda por toda la tierra la palabra del Dios de los cielos.

¡Ay! ¡Entristezcámonos porque llegaron! ¡Ay del Itzá, Brujo-del-agua, que vuestros dioses no valdrán ya más!

Este Dios Verdadero que viene del cielo sólo de pecado hablará, sólo de pecado será su enseñanza. Inhumanos serán sus soldados, crueles sus mastines bravos. ¿Cuál será el Ah Kin, Sacerdote-del-culto-solar, y el Bobat, Profeta, que entienda lo que ha de ocurrir a los pueblos de Mayapán, Estandarte-venado, y Chichén Itzá, Orillas-de-los-pozos-del-brujo-del-agua? ¡Ay de vosotros, mis Hermanos Menores, que en el 7 Ahau Katun tendréis exceso de dolor y exceso de miseria por el tributo reunido con violencia y antes que nada entregado con rapidez! Diferente tributo mañana y pasado mañana daréis; esto es lo que viene, hijos míos. Preparaos a soportar la carga de la miseria que viene a vuestros pueblos porque este katun que se asienta es katun de miseria, katun de pleitos con el diablo, pleitos en el 11 Ahau. ¡Oh vosotros, Hermanos Menores, oh vosotros, Hermanos Mayores, la palabra de Dios [sic] del cielo y de la tierra, recibid a vuestros visitantes, a los llegados barbudos, a los mensajeros de la señal de Dios [sic] que vienen a establecerse como vuestros Hermanos Mayores, a los Señores que marcarán la piedra ahora, los Ah Tantunes, que os pedirán generaciones de Dios a vosotros!

Éstos son los nombres de los Ah Kines, Sacerdotes-del-culto-solar: Ah Misnilacpec, El-que-mueve-barriendo-con-las-narices, el Anticristo, ése es el rostro del tiempo que viene a nosotros ahora. ¡Ay, se acrecentará la miseria, hijos míos! Ésta es la palabra de Nuestro Señor: —Arderá la tierra, se harán círculos blancos en el cielo durante este katun, así acontecerá—. Viene de boca del Dios Padre [sic], no es palabra de engaño. ¡Ay! ¡Muy pesada es la carga del katun en que acontecerá el cristianismo! Esto es lo que vendrá: poder de esclavizar, hombres esclavos han de hacerse, esclavitud que llegará aun a los Halach Uiniques, Jefes de Trono de dos días, de Estera de dos días, hijos de los días de locura lasciva. Será su final por obra de la palabra de Dios [sic]; de once medidas será su jícara y por todas partes se verá la señal de Su rostro durante Su reinado. Reunión de piedras será Su enseñanza, reunión de piedras será Su hablar. Si habréis de morir, si habréis de vivir, ¿quién habrá de saber la verdad, de estos signos reales? ¡Ah de Mayapán, Estandarte-Venado! Se hace pequeña por sí sola la justicia que pone en los calabozos, que saca las amarras, los azotes y látigos. Cuando se asiente, dobles serán las orejas de Su Hijo, tendrá Su sombrero en la cabeza y Su calzado en los pies, anudado tendrá el cinturón a la cintura cuando ellos vengan.

9 Ahau

El 9 Ahau Katun es el segundo que se cuenta. Ichcaansihó, Faz-del-nacimiento-del-cielo, será su asiento.

En su época recibirán el tributo los extranjeros que vengan a la tierra en la época en que lleguen los amos de nuestras almas y congreguen a los pueblos en grupos según la cabeza de sus Esteras, cuando comience a enseñarse la Santa Fe del cristianismo, cuando comience el echar agua en las cabezas en bautismo por todas las partes de esta tierra, cuando se asienten los cimientos y comience a construirse la Santa Iglesia Mayor, la prominente casa de Dios [*sic*] que está en el centro del pueblo de Tihoó, Mérida, el recinto de la casa de Dios Padre [*sic*].

Enorme trabajo será la carga del katun porque será el comenzar de los ahorcamientos, el estallar del fuego en el extremo del brazo de los blancos, los *ibteeles* de la tierra que llegarán con sus sabanos y sus reatas aquí sobre el mundo, cuando caiga sobre la generación de los Hermanos Menores el rigor de la pelea, el rigor del tributo, cuando les venga la gran entrada del tributo en la gran entrada del cristianismo, cuando se funde el principio de los Siete Sacramentos, y cuando comience el mucho trabajar en los pueblos y la miseria se establezca en la tierra.

EL LENGUAJE DE ZUYUA Y SU SIGNIFICADO[51]

Parte I

Éstos son los acertijos y adivinanzas que tenía el katun que hoy termina y llega hoy el tiempo en que sean interrogados con acertijos los Batabes, Los-del-hacha, de los poblados, para ver si saben cómo es que merecen el Señorío, si es que lo saben por generación, si es cierto que lo saben y comprenden los Batabes, Los-del-hacha, y Halach Uiniques, Jefes, como jefes que son. Si es cierto que descienden los Batabes, Los-del-hacha, de Ahaues, Señores Príncipes, de Halach Uiniques, Jefes, realmente, han de demostrarlo. Éste es el primer acertijo que se les hace: Se les pedirá la comida. —Traedme el Sol —dirá el Halach Uinic, Jefe de los Batabes, Los-del-hacha—. Traedme el Sol, hijos míos, para tenerlo en mi plato. Hincada ha de tener la lanza de la alta cruz en el centro de su corazón en donde tiene asentado a Yax Bolom, Jaguar-verde, bebiendo sangre—. Esto es habla de Zuyua. —Esto es lo que se les pide: El Sol es un gran huevo frito y la lanza con la alta cruz hincada en su corazón a que se refiere, es la bendición, y el jaguar verde sentado encima bebiendo sangre, es el chile verde cuando comienza a ponerse colorado—. Así es el habla de Zuyua.

El segundo acertijo que se les hace es que vayan en busca de los sesos del cielo para que el Halach Uinic, Jefe, los vea y sepa de qué tamaño son. —Tengo deseos de verlos, debo mirarlos —les dice. Los sesos del cielo son el copal, así es el habla de Zuyua.

[51] *El Libro de los Libros de Chilam Balam*, pp. 204-206.

El tercer acertijo que se les hace es pedirles que construyan una gran casa de siete horcones de alto y de una sola columna. Esta gran casa es el Yahau P'ooc, gran tocado señorial. Se les dirá también que suban sobre Yahau Sasac Tzimin, el caballo (tapir) de vestiduras blancas señoriales, con una manta blanca, y que en la mano lleven la sonaja blanca haciéndola sonar al Tzimin, caballo, y que la flor de la sonaja tenga sangre cuajada. Habla es que viene y sale de Zuyua. El caballo blanco que se les pide es la sandalia de fibra de henequén y la sonaja blanca dicha y la manta blanca, son las Flores de Mayo de centro blanco, y la sangre cuajada en la flor de la sonaja que se les pide, es el amarillo de oro que tiene en medio la flor y simboliza que de la Flor de Mayo proviene la sangre de ofrendas, la sangre de los huérfanos de madre, de los huérfanos de padre, de los miserables. Así es el habla de Zuyua.

El cuarto acertijo que se les hace es que vayan a sus hogares diciéndoles: —Hijos míos, cuando vengáis a verme, ha de ser precisamente cuando el Sol está en el medio del cielo, seréis dos y vendréis muy juntos vosotros, muchachos, cuando lleguéis aquí, vuestro perro doméstico ha de venir tras de vosotros y que traiga cogida con sus dientes el alma de Chilich Colel, Sagrada-Señora, cuando vengáis. Habla es de Zuyua—. Los dos muchachos de que se les habla que han de venir juntos justamente en el mediodía, es él mismo cuando venga pisando su sombra, y el perro que se pide que venga con ellos es su propia esposa, y el alma de Chilich Colel, Sagrada-Señora, son las grandes candelas [sic] hachas [sic] de cera. Tal es el habla de Zuyua.

EL *POPOL VUH*
[fragmento]

Primera Parte[52]

Capítulo I
Ésta es la relación de cómo todo estaba en suspenso, todo
en calma, en silencio; todo inmóvil, callado, y vacía la extensión del cielo.

Ésta es la primera relación, el primer discurso. No
había todavía un hombre, ni un animal, pájaros, peces,
cangrejos, árboles, piedras, cuevas, barrancas, hierbas ni
bosques: sólo el cielo existía.

No se manifestaba la faz de la Tierra. Sólo estaban el
mar en calma y el cielo en toda su extensión.

No había nada junto, que hiciera ruido, ni cosa alguna
que se moviera, ni se agitara, ni hiciera ruido en el cielo.

No había nada que estuviera en pie; sólo el agua en
reposo, el mar apacible, solo y tranquilo. No había nada
dotado de existencia.

Solamente había inmovilidad y silencio en la oscuridad, en la noche. Sólo el Creador, el Formador, Tepeu, Gucumatz, los Progenitores, estaban en el agua rodeados de
claridad. Estaban ocultos bajo plumas verdes y azules, por
eso se les llama Gucumatz. De grandes sabios, de grandes
pensadores es su naturaleza. De esta manera existía el
cielo y también el Corazón del Cielo, que éste es el nombre de Dios y así es como se llama.

Llegó aquí entonces la palabra, vinieron juntos Tepeu
y Gucumatz, en la oscuridad, en la noche, y hablaron entre sí Tepeu y Gucumatz. Hablaron, pues, consultando

[52] *Popol Vuh. Las antiguas historias del Quiché*, 1947, pp. 89-103.

entre sí y meditando; se pusieron de acuerdo, juntaron sus palabras y su pensamiento.

Entonces se manifestó con claridad, mientras meditaban, de cuando amaneciera debía aparecer el hombre. Entonces dispusieron la creación y crecimiento de los árboles y los bejucos y el nacimiento de la vida y la creación del hombre. En las tinieblas y en la noche (se dispuso así) por el Corazón del Cielo, que se llama *Huracán*.

El primero se llama *Caculhá Huracán*. El segundo es *Chipi-Caculhá*. El tercero es *Raxa-Caculhá*. Y estos tres son el Corazón del Cielo.

Entonces vinieron juntos Tepeu y Gucumatz; entonces conferenciaron sobre la vida y la claridad, cómo se hará para que aclare y amanezca, quién será el que produzca el alimento y el sustento.

—¡Hágase así! ¡Que se llene el vacío! ¡Que esta agua se retire y desocupe (el espacio), que surja la tierra y que se afirme! —Así dijeron—. ¡Que aclare, que amanezca en el cielo y en la Tierra! No habrá gloria ni grandeza en nuestra creación y formación hasta que exista la criatura humana, el hombre formado.

Así dijeron cuando la Tierra fue creada por ellos. Así fue en verdad como se hizo la creación de la Tierra: —¡Tierra! —dijeron, y al instante fue hecha.

Como la neblina, como la nube y como una polvareda fue la creación, cuando surgieron del agua las montañas; y al instante crecieron las montañas.

Solamente por un prodigio, sólo por arte mágica se realizó la formación de las montañas y los valles; y al instante brotaron juntos los cipresales y pinares en la superficie.

Y así se llenó de alegría Gucumatz, diciendo: —¡Buena ha sido tu venida, Corazón del Cielo; tú, Huracán, y tú, Chipi-Caculhá, Raxa-Caculhá!

—Nuestra obra, nuestra creación será terminada —contestaron.

Primero se formaron la tierra, las montañas y los valles; se dividieron las corrientes de agua, los arroyos se fueron corriendo libremente entre los cerros, y las aguas quedaron separadas cuando aparecieron las altas montañas.

Así fue la creación de la tierra, cuando fue formada por el Corazón del Cielo, el Corazón de la Tierra, que así son llamados los que primero la fecundaron, cuando el cielo estaba en suspenso y la tierra se hallaba sumergida dentro del agua.

Así fue como se perfeccionó la obra, cuando la ejecutaron después de pensar y meditar sobre su feliz terminación.

Capítulo II

Luego hicieron a los animales pequeños del monte, los guardianes de todos los bosques, los genios de la montaña, los venados, los pájaros, leones, tigres, serpientes, culebras, cantiles (víboras), guardianes de los bejucos.

Y dijeron los Progenitores: —¿Sólo silencio e inmovilidad habrá bajo los árboles y los bejucos? Conviene que en lo sucesivo haya quien guarde.

Así dijeron cuando meditaron y hablaron en seguida. Al punto fueron creados los venados y las aves. En seguida les repartieron sus moradas a los venados y a las aves. —Tú, venado, dormirás en la vega de los ríos y en los barrancos. Aquí estarás entre la maleza, entre las hierbas; en el bosque os multiplicaréis, en cuatro pies andaréis y os sostendréis—. Y así como se dijo, así se hizo.

Luego designaron también su morada a los pájaros pequeños y a las aves mayores: —Vosotros, pájaros, habitaréis sobre los árboles y los bejucos, allí haréis vuestros nidos, allí os multiplicaréis, allí os sacudiréis en las ramas de los árboles y de los bejucos—. Así les fue dicho a los venados y a los pájaros para que hicieran lo que debían hacer, y todos tomaron sus habitaciones y sus nidos.

De esta manera los Progenitores les dieron sus habitaciones a los animales de la tierra.

Y estando terminada la creación de todos los cuadrúpedos y las aves, les fue dicho a los cuadrúpedos y pájaros por el Creador y el Formador y los Progenitores: —Hablad, gritad, gorjead, llamad, hablad cada uno según vuestra especie, según la variedad de cada uno—. Así les fue dicho a los venados, los pájaros, leones, tigres y serpientes.

—Decid, pues, nuestros nombres, alabadnos a nosotros, vuestra madre, vuestro padre. ¡Invocad, pues, a Huracán, Chipi-Caculhá, Raxa-Caculhá, el Corazón del Cielo, el Corazón de la Tierra, el Creador, el Formador, los Progenitores: hablad, invocadnos ... adoradnos! —les dijeron.

Pero no se pudo conseguir que hablaran como los hombres; sólo chillaban, cacareaban y graznaban; no se manifestó la forma de su lenguaje, y cada uno gritaba de manera diferente.

Cuando el Creador y el Formador vieron que no era posible que hablaran se dijeron entre sí: —No ha sido posible que ellos digan nuestro nombre, el de nosotros, sus creadores y formadores. Esto no está bien —dijeron entre sí los Progenitores.

Entonces se les dijo: —Seréis cambiados porque no se ha conseguido que habléis. Hemos cambiado de parecer: vuestro alimento, vuestra pastura, vuestra habitación y vuestros nidos los tendréis, serán los barrancos y los bosques, porque no se ha podido lograr que nos adoréis ni nos invoquéis. Todavía hay quienes nos adoren, haremos otros (seres) que sean obedientes. Vosotros, aceptad vuestro destino: vuestras carnes serán trituradas. Así será. Ésta será vuestra suerte—. Así dijeron cuando hicieron saber su voluntad a los animales pequeños y grandes que hay sobre la faz de la Tierra.

Luego quisieron probar suerte nuevamente; quisieron hacer otra tentativa y probar de nuevo a que los adoraran.

Pero no pudieron entender su lenguaje entre ellos mismos, nada supieron conseguir y nada pudieron hacer. Por esta razón fueron inmoladas sus carnes y fueron condenados a ser comidos y matados los animales que existen sobre la faz de la Tierra.

Por este motivo hubo que hacer una nueva tentativa de crear y formar al hombre por el Creador, el Formador y los Progenitores.

—¡A probar otra vez! ¡Ya se acercan el amanecer y la aurora; hagamos al que nos sustentará y alimentará! ¿Cómo haremos para ser invocados, para ser recordados sobre la tierra? Ya hemos poblado con nuestras primeras obras, nuestras primeras criaturas; pero no se pudo lograr que fuésemos alabados y venerados por ellos. Así, pues, probemos a hacer unos seres obedientes, respetuosos, que nos sustenten y alimenten—. Así dijeron.

Entonces fue la creación y la formación. De tierra, de

lodo hicieron la carne (del hombre). Pero vieron que no estaba bien, porque se deshacía, estaba blando, no tenía movimiento, no tenía fuerza, se caía, estaba aguado, no movía la cabeza, la cara se le iba para un lado, tenía un cuello muy grande, no podía ver para atrás. Al principio hablaba, pero no tenía entendimiento. Rápidamente se humedeció dentro del agua y no se pudo sostener.

Y dijeron el Creador y el Formador: —Echemos las suertes, porque no podrá andar ni multiplicarse. Que se haga una consulta acerca de esto —dijeron.

Entonces desbarataron y deshicieron su obra y su creación. Y en seguida dijeron: —¿Cómo haremos para perfeccionar, para hacer bien a nuestros adoradores, a nuestros invocadores?

Así dijeron cuando de nuevo consultaron entre sí: —Digámosles a Ixpiyacoc, Ixmucané, Hunahpú-Vuch, Hunahpú-Utiú: ¡Probad suerte otra vez! ¡Probad a hacer la creación!—. Así dijeron entre sí el Creador y el Formador cuando hablaron a Ixpiyacoc e Ixmucané.

En seguida les hablaron a aquellos adivinos, la abuela del día, la abuela del alba, que así eran llamados por el Creador y el Formador y cuyos nombres eran Ixpiyacoc e Ixmucané.

Y dijeron Huracán, Tepeu y Gucumatz cuando le hablaron al agorero, al sacrificador, que son los adivinos: —Hay que reunirse y encontrar los medios para que el hombre que formemos, el hombre que vamos a crear nos sostenga y alimente, nos invoque y se acuerde de nosotros.

—Entrad, pues, en consulta, abuela, abuelo, nuestra abuela, nuestro abuelo, Ixpiyacoc, Ixmucané, haced que aclare, que amanezca, que seamos invocados, que seamos adorados, que seamos recordados por el hombre creado, por el hombre formado, por el hombre mortal, haced que así se haga.

—Dad a conocer vuestra naturaleza, Hunahpú-Vuch, Hunahpú-Utiú, dos veces madre, dos veces padre, NimAc, Nimá-Tziís, el Señor de la esmeralda, el joyero, el escultor, el tallador, el Señor de los hermosos platos, el Señor de la verde jícara, el maestro de la resina, el maestro Toltecat, la abuela del Sol, la abuela del alba, que así seréis llamados por nuestras obras y nuestras criaturas.

—Echad la suerte con vuestros granos de maíz y de tzité y así se hará y resultará si labraremos o tallaremos su boca y sus ojos en madera—. Así les fue dicho a los adivinos.

A continuación vino la adivinación, la echada de la suerte con el maíz y el tzité. —¡Suerte! ¡Criatura! —les dijeron entonces una vieja y un viejo. Y este viejo era el de las suertes del tzité, el llamado Ixpiyacoc. Y la vieja era la adivina, la formadora, que se llamaba Chiracán Ixmucané.

Y comenzando la adivinación, dijeron así: —¡Que se junten y que se encuentren! ¡Hablad, que os oigamos, decid, declarad si conviene que se junte la madera y que sea labrada por el Creador y el Formador, y si éste (el hombre de madera) es el que nos ha de sustentar y alimentar cuando aclare, cuando amanezca!

—Tú, maíz; tú, tzité; tú, suerte; tú, criatura: ¡uníos, ayuntaos! —les dijeron al maíz, al tzité, a la suerte, a la criatura—. ¡Ven a sacrificar aquí, Corazón del Cielo, no castigues a Tepeu y Gucumatz!

Entonces hablaron y dijeron la verdad: —Buenos saldrán vuestros muñecos hechos de madera, hablarán y conversarán sobre la faz de la Tierra.

—¡Así sea! —contestaron, cuando hablaron.

Y al instante fueron hechos los muñecos labrados en madera. Se parecían al hombre, hablaban como el hombre y poblaron la superficie de la Tierra.

Existieron y se multiplicaron; tuvieron hijas, tuvieron hijos los muñecos de palo; pero no tenían alma, ni entendimiento, no se acordaban de su Creador, de su Formador; caminaban sin rumbo y andaban a gatas.

Ya no se acordaban del Corazón del Cielo y por eso cayeron en desgracia. Fue solamente un ensayo, una muestra de hombres. Hablaban al principio, pero su cara estaba enjuta; sus pies y sus manos no tenían consistencia; no tenían sangre, ni sustancia, ni humedad, ni gordura; sus mejillas estaban secas, sus pies y sus manos, y amarillas sus carnes.

Así, ya no pensaban en el Creador ni en el Formador los que les daban el ser y cuidaban de ellos.

Éstos fueron los primeros hombres que en gran número existieron sobre la faz de la Tierra.

Capítulo III

En seguida fueron aniquilados, destruidos y deshechos los muñecos de palo, y recibieron la muerte.

Una inundación fue producida por el Corazón del Cielo; un gran diluvio se formó, que cayó sobre las cabezas de los muñecos de palo.

De tzité se hizo la carne del hombre, pero cuando la mujer fue labrada por el Creador y el Formador, se hizo de espadaña la carne de la mujer. Estos materiales quisieron el Creador y el Formador que entraran en su composición.

Pero no pensaban, no hablaban con su Creador, su Formador, que los habían hecho, que los habían creado. Y por esta razón fueron muertos, fueron anegados. Una resina abundante vino del cielo. El llamado *Xecotcovach* llegó y les vació los ojos, *Camalotz* vino a cortarles la cabeza; y vino *Cotzbalam* y les devoró las carnes. El *Tucumbalam* llegó también y les quebró y magulló los huesos y los nervios, les molió y desmoronó los huesos.

Y esto fue para castigarlos porque no habían pensado en su madre, ni en su padre, el Corazón del Cielo, llamado Huracán. Y por este motivo se oscureció la faz de la Tierra y comenzó una lluvia negra, una lluvia de día, una lluvia de noche.

Llegaron entonces los animales pequeños, los animales grandes, y los palos y las piedras les golpearon las caras. Y se pusieron todos a hablar; sus tinajas, sus comales, sus platos, sus ollas, sus perros, sus piedras de moler, todos se levantaron y les golpearon las caras.

—Mucho mal nos hacíais; nos comíais, y nosotros ahora os morderemos —les dijeron sus perros y sus aves de corral.

Y las piedras de moler: —Éramos atormentadas por vosotros; cada día, cada día, de noche, al amanecer, todo el tiempo hacían *holi, holi, huqui, huqui* nuestras caras, a causa de vosotros. Éste era el tributo que os pagábamos. Pero ahora que habéis dejado de ser hombres probaréis nuestras fuerzas. Moleremos y reduciremos a polvo vuestras carnes —les dijeron sus piedras de moler.

Y he aquí que sus perros hablaron y les dijeron: —¿Por qué no nos dabais vuestra comida? Nosotros sólo estábamos mirando y vosotros nos perseguíais y nos echabais fuera. Siempre teníais listo un palo para pegarnos mientras comíais.

Así era como nos tratabais. Nosotros no podíamos hablar. Quizás no os diéramos muerte ahora; pero ¿por qué no reflexionabais, por qué no pensabais en vosotros mismos? Ahora nosotros os destruiremos, ahora probaréis vosotros los dientes que hay en nuestra boca: os devoraremos —dijeron los perros, y luego les destrozaron las caras.

Y sus comales, sus ollas les hablaron así: —Dolor y sufrimiento nos causabais. Nuestra boca y nuestras caras estaban tiznadas, siempre estábamos puestos sobre el fuego y nos quemabais como si no sintiéramos dolor. Ahora probaréis vosotros, os quemaremos —dijeron sus ollas, y todos les destrozaron las caras. Las piedras del hogar, que estaban amontonadas, se arrojaron directamente desde el fuego contra sus cabezas para hacerlos sufrir.

A toda prisa corrían, desesperados (los hombres de palo); querían subirse sobre las casas y las casas se caían y los arrojaban al suelo; querían subirse sobre los árboles y los árboles los lanzaban a lo lejos, querían entrar a las cavernas y las cavernas los rechazaban.

Así fue la ruina de los hombres que habían sido creados y formados, de los hombres hechos para ser destruidos y aniquilados: a todos les fueron destrozadas las bocas y las caras.

Y dicen que la descendencia de aquéllos son los monos que existen ahora en los bosques; éstos son la muestra de aquéllos, porque de palo fue hecha su carne por el Creador y el Formador.

Y por esta razón el mono se parece al hombre, es la muestra de una generación de hombres creados, de hombres formados que eran solamente muñecos y hechos solamente de madera.

Capítulo I
He aquí, pues, el principio de cuando se dispuso hacer al hombre, y cuando se buscó lo que debía entrar en la carne del hombre.

Y dijeron los Progenitores, los Creadores y Formadores, que se llaman Tepeu y Gucumatz: —Ha llegado el tiempo del amanecer, de que se termine la obra y que aparezcan los que nos han de sustentar y nutrir, los hijos esclarecidos, los vasallos civilizados; que aparezca el hombre, la humanidad, sobre la superficie de la Tierra—. Así dijeron.

Se juntaron, llegaron y celebraron consejo en la oscuridad y en la noche; luego buscaron y discutieron, y aquí reflexionaron y pensaron. De esta manera salieron a la luz claramente sus decisiones y encontraron y descubrieron lo que debía entrar en la carne del hombre.

Poco faltaba para que el Sol, la Luna y las estrellas aparecieran sobre los Creadores y Formadores.

De *Paxil*, de *Cayalá*, así llamados, vinieron las mazorcas amarillas y las mazorcas blancas.

Éstos son los nombres de los animales que trajeron la comida: *Yac* (el gato de monte), *Utiú* (el coyote), *Quel* (una cotorra vulgarmente llamada chocoyo) y *Hob* (el cuervo). Estos cuatro animales les dieron la noticia de las mazorcas amarillas y las mazorcas blancas, les dijeron que fueran a Paxil y les enseñaron el camino de Paxil.

Y así encontraron la comida y ésta fue la que entró en la carne del hombre creado, del hombre formado; ésta

---

[53] *Popol Vuh*, 1947, pp. 186-188.

fue su sangre, de ésta se hizo la sangre del hombre. Así entró el maíz (en la formación del hombre) por obra de los Progenitores.

Y de esta manera se llenaron de alegría, porque habían descubierto una hermosa tierra, llena de deleites, abundante en mazorcas amarillas y mazorcas blancas, y abundante también en pataxte y cacao, y en innumerables zapotes, anonas, jocotes, nances, matasanos y miel. Abundancia de sabrosos alimentos había en aquel pueblo llamado de Paxil y Cayalá.

Había alimentos de todas clases, alimentos pequeños y grandes. Plantas pequeñas y plantas grandes. Los animales enseñaron el camino. Y moliendo entonces las mazorcas amarillas y las mazorcas blancas, hizo Ixmucané nueve bebidas, y de este alimento provinieron la fuerza y la gordura y con él crearon la musculatura y el vigor del hombre. Esto hicieron los Progenitores, Tepeu y Gucumatz, así llamados.

A continuación entraron en pláticas acerca de la creación y la formación de nuestra primera madre y padre, de maíz amarillo y de maíz blanco se hizo su carne; de masa de maíz se hicieron los brazos y las piernas del hombre. Únicamente masa de maíz entró en la carne de nuestros primeros padres, los cuatro hombres que fueron creados.

Bibliografía

Armillas, Pedro, "Tecnología, formaciones socioeconómicas y religión en Mesoamérica", *XXIX Congreso Internacional de Americanistas*, The University of Chicago Press, Chicago, 1951.

Barrera Vásquez, Alfredo, y Silvia Rendón, *El Libro de los Libros de Chilam Balam*, Fondo de Cultura Económica, México, 1948.

Bartra, Roger, *El modo de producción asiático*, Era, México, 1969.

——, "Sociedades precapitalistas", *Historia y Sociedad*, núm. 3, México, 1965, pp. 35-42.

Berlin, Heinrich, *Signos y significados de las inscripciones mayas*, Instituto Nacional del Patrimonio Cultural de Guatemala, Guatemala, C. A., 1977.

Berthelot, René, *La Pensée de l'Asie et l'Astrobiologie*, Payot, París, 1938.

Cardos, Amalia, "El comercio de los antiguos mayas", *Acta Anthropologica*, vol. 11, núm. 1, época 2, Escuela Nacional de Antropología e Historia, México, 1959.

Comas, Juan, *Características físicas de la familia lingüís-*

tica maya, Instituto de Investigaciones Históricas, Serie Antropológica, núm. 20, UNAM, México, 1966.

Chesneaux, Jean, "El modo de producción asiático", *Historia y Sociedad*, núm. 2, México, 1965, pp. 1-24.

Foncerrada de Molina, Marta, *La escultura arquitectónica de Uxmal*, Instituto de Investigaciones Estéticas, UNAM, México, 1965.

———, *Uxmal. La ciudad del dios de la lluvia*, Fondo de Cultura Económica, México, 1968.

Fuente, Beatriz de la, *La escultura de Palenque*, Instituto de Investigaciones Estéticas, UNAM, México, 1965.

———, "La conciencia histórica entre los mayas clásicos a través de su escultura", *Anales del Instituto de Investigaciones Estéticas*, vol. IX, núm. 35, UNAM, México, 1966.

Garza, Mercedes de la, *La conciencia histórica de los antiguos mayas*, Cuaderno 11, UNAM, México, 1975.

Gurvich, L. I., *El papel de las riquezas naturales en el desarrollo de las fuerzas productivas*, Publicaciones Económicas, La Habana, 1964.

Knorozov, Yuri, "La antigua escritura de los pueblos de América Central", *Etnografía Soviética*, núm. 3, México, 1952.

———, "Aplicación de las matemáticas al estudio lingüístico", *Estudios de Cultura Maya*, vol. 3, UNAM, México, 1963, pp. 169-185.

Landa, Diego de, *Relación de las cosas de Yucatán*, introducción y notas por Héctor Pérez Martínez, México, 1938.

Libro de Chilam Balam de Chumayel, prólogo y traducción por Antonio Mediz Bolio, Biblioteca del Estudiante Universitario, México, 1952.

Lipschutz, Alexandre, *Los muros pintados de Bonampak*, Editorial Universitaria, Santiago de Chile, 1971.

Marquina, Ignacio, *Arquitectura prehispánica*, Instituto Nacional de Antropología e Historia, México, 1964.

McQuown, Norman, "Los orígenes y la diferenciación de los mayas según se infiere del estudio comparativo de las lenguas mayanas", *Desarrollo Cultural de los Mayas*, UNAM, México, 1971, pp. 49-79.

Morley, Sylvanus, *La civilización maya*, Fondo de Cultura Económica, México, 1947. Edición revisada por George Brainerd, FCE, México, 1972.

Palerm, Ángel, *Agricultura y sociedad en Mesoamérica*, SEP-Setentas 55, México, 1972.

―――, y Eric Wolf, *Agricultura y civilización en Mesoamérica*, SEP-Setentas 32, México, 1972.

Popol Vuh. Las antiguas historias del Quiché, traducción y notas de Adrián Recinos, Fondo de Cultura Económica, México, 1947.

Proskouriakoff, Tatiana, *A Study of Classic Maya Sculpture*, Carnegie Institution of Washington, Pub. 593, Washington, D. C., 1950.

―――, "Historical implications of a pattern of dates at Piedras Negras, Guatemala", *American Antiquity*, vol. XXV, núm. 4, Salt Lake City, 1960, pp. 454-475.

―――, "Historical data in the Inscriptions of Yaxchilan", *Estudios de Cultura Maya*, vol. 3, UNAM, México, 1963, pp. 149-167.

―――, "Historical data in the Inscriptions of Yaxchilan, Part II", *Estudios de Cultura Maya*, vol. 4, UNAM, México, 1963, pp. 177-201.

Rosado Ojeda, Wladimiro, "Tipo físico y psíquico, organización social, religiosa y política. Economía, música, literatura y medicina", *Enciclopedia Yucatanense*, vol. II, México, 1945, pp. 53-307.

Ruz, Alberto, "¿Aristocracia o democracia entre los antiguos mayas?", *Anales de antropología*, vol. I, pp. 63-75, Instituto de Investigaciones Históricas, Universidad Nacional Autónoma de México, México, 1964.

———, *La civilización de los antiguos mayas*, Editorial de Ciencias Sociales, La Habana, 1974.

Sanders, William, y Barbara Price, *Mesoamerica, the Evaluation of a Civilization*, Random House, Nueva York, 1968.

Sttegerda, Morris, *Maya Indians of Yucatan*, Carnegie Institution of Washington, Pub. 531, Washington, D. C., 1941.

Teeple, John, "Astronomía Maya", versión en español y notas de César Lizardi Ramos, *Anales del Museo Nacional de Arqueología, Historia y Etnografía*, tomo II, 5ª época, México, 1935, pp. 479-581.

Thompson, J. Eric, "Escritura jeroglífica, aritmética y astronomía", *Enciclopedia Yucatanense*, vol. II, México, 1945, pp. 309-342.

———, *Maya Hieroglyfic Writing: an Introduction*, Carnegie Institution of Washington, Pub., 589, Washington, D. C., 1950.

———, *Grandeza y decadencia de los mayas*, Fondo de Cultura Económica, México, 1959.

———, *Historia y Religión de los mayas*, Siglo XXI, México, 1975 .

Villa Rojas, Alfonso, "Notas sobre la tenencia de la tierra entre los mayas de la antigüedad", *Estudios de Cultura Maya*, vol. I, UNAM, 1961, pp. 21-46.

Vogt, Evon, "Some implications of Zinacantan social

Structures for the Study of the Ancient Maya", *Actas del XXXV Congreso Internacional de Americanistas*, vol. I, México, 1964, pp. 307-319.

Wolf, Eric, *Pueblos y culturas de Mesoamérica*, Era, México, 1959.

ÍNDICE

Los antiguos mayas, de Alberto Ruz Lhuillier,
se terminó de imprimir y encuadernar en abril de 2017,
en Impresora y Encuadernadora Progreso, S. A. de C. V. (IEPSA),
calzada San Lorenzo, 244; 09830 Ciudad de México.
La composición, en que se emplearon tipos Fondo Book,
la hizo, en el Departamento de Integración Digital del FCE,
Guillermo Huerta González; el diseño de interiores
corrió a cargo de *Guillermo Huerta González,*
y el cuidado editorial, de *Carlos Roberto Ramírez Fuentes.*
El tiraje fue de 2 500 ejemplares.